프 라 우 킴,

독일어

종결자

되   다

프라우 킴, **독일어 종결자** 되다

초판 1쇄 2011년 8월 11일
　　2쇄 2019년 3월 22일

지은이 최지양 펴낸곳 도서출판 하다 펴낸이 전미정
편집·디자인 전혜영 표지디자인 남지현
출판등록 2009년 12월 3일 제301-2009-230호
주소 서울 중구 필동 1가 39-1 국제빌딩 607
전화 02-2275-5326 팩스 02-2275-5327
이메일 go5326@naver.com 홈페이지 www.npplus.co.kr
ISBN 978-89-97170-01-2 03750 정가 13,000원
ⓒ최지양, 2011

프라우 킴, 독일어 종결자

읽다 보면 저절로 터지는 독일어 표현 | **최지양 지음**

되다

HadA

단어의 뜻대로만 해석했다가는 오해하기 딱 좋다

외국인 친구에게 한국어를 가르치던 중 '바가지를 긁다', '바람을 피우다', '시치미를 떼다', '신물이 나다', '뻔할 뻔 자', '삼천포로 빠지다' 등과 같은 한국어 특유의 표현들을 가르치는 데 어려움을 느낀 경험이 있다. 한국어가 모국어인 사람이라면 이런 표현의 유래를 모르더라도 언제, 어떤 상황에 쓰이고 어떤 의미를 갖는지는 잘 알지만 한국어를 학습하는 외국인들은 이런 표현을 알아듣고 적절하게 구사하기까지 오랜 시간이 걸릴 것이다. '바가지'와 '긁다'의 뜻을 알아도 '바가지를 긁다'라는 표현이 '부인이 남편에게 불평이나 잔소리를 한다'라는 의미인 것은 누가 말해주지 않는 이상 알기 힘들기 때문이다. 그래서 나는 외국인 친구들에게 이 표현의 뜻을 설명하면서 '과거 무당이 귀신을 내쫓기 위해 바가지를 긁었는데 그 소리가 귀신이 도망갈 정도로 듣기 싫은 소리어서 부인의 듣기 싫은 잔소리를 이에 빗대어 쓰고 있다'라고 유래를 알려줬더니 재미있어 하면서 쉽게 이해하고 기억했다. 그렇게 외국인 친구와의 효과적인 스터디를 위해 이런 한국어 표현의 유래에 관심을 두던 중, 우리가 독일어를 공부할 때도 무조건 외우려고만 하기보다 유래를 통해 표현을 익히면 훨씬 쉽고 재미있게 배울 수 있겠다는 생각이 들었다. 이것이 바로 이 책 『프라우 킴, 독일어 종결자 되다』를 내게 된 이유다.

독일어 표현을 익힐 때는 'fremd gehen : 바람 피우다', 'blau machen : 땡땡이치다' 같은 식으로 단어를 단순 암기하듯이 일대일로 외우면 비효율적일 뿐만 아니라 정확한 쓰임을 알기 힘든 단점이 있다. 사실 표현의 쓰임새만 제대로 알면 굳이 유래를 알 필요는 없다. 하지만 독일어를 배우는 타국 학습자의 입장에서는 알고 있는 단어의 뜻에서 동떨어진 의미를 지닌 표현이 어렵게만 느껴지기 때문에 그 의미의 유래를 알 필요가 있다고 본다. 예를 들어 처음으로 'blau machen'이라는 표현을 접하면 '파랗게 하다', '파랗게 색칠하다' 정도의 의미로만 이해할 것이다. 그런데 이것이 사실은 '땡땡이치다', '일 안 하다'라는 의미로 쓰인다는 것을 알게 되면 '아, 그렇구나'라고 쉽게 받아들이기 보다는 '왜? 어째서?'라며 의문을 가지게 되는 것이다.

기존의 독일어 표현집들이 많은 표현을 다루면서 사전처럼 찾아보기 용이한 역할에 중점을 두고 있다면, 이 책은 표현의 유래를 재미있고 알기 쉽게 설명함으로써 표현을 자연스럽게 익힐 수 있도록 이끌어주는 데 중점을 두었다. 독일 현지에서 많이 쓰이는 여러 관용적 표현들을 모아 숙어로써 지닌 의미를 제시하고, 어떻게 해서 그런 뜻을 지니게 되었는지에 대한 설명을 덧붙였다. 이러한 설명을 통해 독일어 표현을 쉽게 이해하고 습득할 뿐 아니라 역사적, 문화적, 언어적 배경을 알게 됨으로써 독일 문화에 더 친숙해지는 계기를 만들 수 있기를 바란다.

최지양

Inhalt

043 der Zug ist abgefahren

044 aus jdm. Hackfleisch machen

045 ans Tageslicht kommen

046 ein rotes Tuch für jdn. sein

047 auf dem Holzweg sein

    sich auf dem Holzweg befinden

048 Flagge zeigen

049 durch die Lappen gehen

050 jdn. auf den Arm nehmen

051 jdm. unter die Arme greifen

052 seinen (eigenen) Augen nicht trauen

053 (große) Augen machen

054 sich blicken lassen

055 wie ein Blitz aus heiterem Himmel

056 jdm. geht ein Licht auf

057 ein alter Hase sein

058 mit Samthandschuhen anfassen

059 Alter Schwede!

060 jdm. grünes Licht geben

061 etw. auf dem Herzen haben

062 sein Herz an jn./etw. hängen

063 hinter jdm. her sein

064 an den Hungerpfoten saugen

    am Hungertuch nagen

065 mit etw. ist Essig

066 kalte Füße bekommen/kriegen

067 der letzte/neueste Schrei sein

068 den Kopf hängen lassen

    Kopf hoch!

069 das A und O

070 für jdn. die Hand ins Feuer legen

071 ein langes Gesicht machen

072 tief in die Tasche greifen müssen

073 jdn. zum Sündenbock machen

074 jdm. ist ein Stein vom Herzen gefallen

075 sang– und klanglos

    ohne Sang und Klang

076 sich etw. hinter die Ohren schreiben

077 Vitamin B

078 jdm. bleibt die Spucke weg

079 jdm. bleibt die Sprache weg

    jdm. verschlägt es die Sprache

080 sauer sein

081 den Gürtel enger schnallen

082 Theater machen

083 für etw. einen Riecher haben

084 (dem Baby) die Brust geben

085 weg vom Fenster sein

086 jdn. auf dem Kieker haben

087 aus dem Häuschen sein

088 den Pantoffel schwingen

089 in den sauren Apfel beißen

090 etw. aus dem Ärmel schütteln

091 bei jdm. an der falschen Adresse sein

092 die Hölle ist los

093 Hut ab vor jdm./etw.

094 Jacke wie Hose sein

095 den Löffel abgeben

096 dalli, dalli

097 ein Dauerbrenner

098 auf großem Fuß leben

099 keinen Deut wert sein

100 Drahtzieher

101 lange/spitze Ohren machen

102 gang und gäbe

103 eine Gänsehaut kriegen/bekommen

104 das ist (doch) die Höhe

105 im alten Gleis

106 am grünen Tisch

107 eine Ente (Zeitungsente)

108	jdm. auf den Fuß/die Füße treten	141	gegen den Strich gehen
109	(mit jdm) Fraktur reden	142	wennschon, dennschon
110	wilde Ehe	143	kein Blatt vor den Mund nehmen
111	für lau arbeiten	144	Köpfe rollen
	für Gotteslohn arbeiten	145	ein totgeborenes Kind
112	arm wie eine Kirchenmaus		eine Totgeburt
113	mit seinem Latein am Ende sein	146	etw. aus dem Verkehr ziehen
114	Schlange stehen	147	mit jdm. ausgehen
115	jdn. in Ruhe lassen		mit jdm. zusammen sein
116	Das ist Spitze! / jmd. ist Spitze	148	nicht in die Tüte kommen
117	am Ruder sein	149	eine Rolle spielen
118	aus aller Welt		keine Rolle spielen
119	die Engel singen hören	150	quitt sein
120	Daumen/Däumchen drehen	151	eine Pechsträhne haben
121	böhmische Dörfer	152	jdm. den Lebensfaden abschneiden
122	heilige Kuh	153	Lehrgeld zahlen (müssen)
123	jds. Ein und Alles sein	154	den Ton angeben
124	viel Lärm um nichts	155	zwei linke Hände haben
125	bis in die Puppen	156	um alles oder nichts gehen (bei etw.)
126	eine lahme Ente		
127	das Eis brechen	157	Es geht um die Wurst/Wurscht!
128	Kult sein	158	etw. auf dem Schirm haben
129	im Eimer sein	159	unter/auf den Nägeln brennen
130	Haus und Hof		auf heißen Kohlen sitzen
131	Guten Rutsch (ins neue Jahr)!	160	alles in Butter
132	für die Katz sein	161	Butter bei die Fische!
133	ins Schwarze treffen	162	völlig durch den Wind sein
134	den Ball flach halten	163	(Das ist) alles Käse!
135	etw. durch die Blume sagen	164	alle Jubeljahre (einmal)
136	etw. übers Knie brechen	165	noch in den Kinderschuhen stecken
137	einen Korb bekommen		
	jdm. einen Korb verpassen/geben	166	das geht auf keine Kuhhaut
138	rund um die Uhr	167	etw. ist kein Weltuntergang
139	von heute auf morgen	168	Haare auf den Zähnen haben
140	toi, toi, toi	169	jdm. die Zähne zeigen
		170	Krokodilstränen weinen/vergießen

독일어가 모국어가 아닌 경우

독일어의 관용어나 표현을 자연스럽게 마음껏 구사하기란

결코 쉬운 일이 아닙니다.

독일어 표현을 자유자재로 쓰기 위해서는

독일어에 대한

상당 수준의 '언어 감각(Sprachgefühl)'이 필요한데

이는 하루아침에 생기는 것이 아니기 때문입니다.

하지만 이 책에서 다루고 있는 표현의 유래와 예문을

읽고, 이해하고, 여러 번 접하다 보면

자연스럽게 자신의 것으로 만들 수 있을 것입니다.

Viel Spaß!

본격적으로 표현을 배우기에 앞서

약어를 아래의 표기법으로 통일합니다.

etw. : etwas
jd. : jemand
jds. : jemandes
jdm. : jemandem
jdn. : jemanden

jdm./für jdn. die/den Daumen drücken

두 손 모아 기원(응원)하다

있는 그대로 옮긴다면 '엄지를 눌러준다'는 뜻이다. 우리말의 '두 손 모아 기원한다'라는 표현과 유사한 관용구다. 그림 형제의 사전에 따르면, 엄지손가락이 관절 중에서 가장 중요한 것인 동시에 악마의 힘을 지니고 있어서, 엄지를 쥐고 있으면 악마가 힘을 쓸 수 없으므로 일이 잘 될 거라는 게르만족의 미신에서 유래했다고 한다.

Beispiel

A: Du siehst sehr besorgt aus. Was ist mit dir?

너 걱정이 많아 보인다. 무슨 일이야?

B: Ich habe am Montag meine Abschlussprüfung.

월요일에 졸업 시험이 있어.

A: Du wirst es schon schaffen.
   Ich **drücke** dir **den/die Daumen**.

넌 충분히 해낼 거야. 내가 두 손 모아 응원할게.

비슷한 표현 : jdm. die Daumen halten

keinen Bock (auf etw.) haben
keine Lust (auf etw.) haben

~이(가) 안 당겨
~할 생각이 없어

'배고프다', '~에 대한 식욕이 있다' 라는 뜻의 집시어(로마니어) 표현, 'bokhailem' 에서 온 것으로, 여기서는 'kein' 이 붙었으므로 '~에 대한 식욕, 의욕 또는 흥미가 없다' 라는 뜻이 된다. 우리말로는 '~이(가) 안 당긴다' 정도로 이해하면 무난하다.

'kein' 을 빼면 반대 의미인 '~이 하고 싶다', '~가 당긴다' 라고 보면 된다.

Beispiel - 1

A: Wieso hast du die Arbeit aufgegeben?
　　왜 일 그만뒀어?

B: Ich **habe keinen Bock** mehr, jeden Tag früh aufzustehen.
　　더는 아침에 일찍 일어나기 싫어서.

Beispiel - 2

A: **Hättest du Lust auf** eine Reise nach Spanien?
　　스페인으로 여행갈 생각 있어?

B: Nein, **darauf habe** ich **keinen Bock**. Ich **hätte** eher **Lust auf** eine Reise nach Italien.
　　아니, 차라리 이탈리아로 가고 싶어.

jdn. im Stich lassen

돌보지 않다
곤경에 처하게 내버려 두다

과거 중세 기사들이 말을 타고 벌였던 창 시합에서 유래한 표현으로, 기사가 말에서 떨어져 있을 때 그의 부하가 기사를 구출하지 않으면 기사는 다시 한 번 공격(Stich: [창에] 찔림)을 당할 위기에 처하게 된다. 여기서 'im Stich lassen', 즉 '위기(또는 곤경)에 노출시키다' 라는 표현이 생겼다.

Beispiel

A: Ich habe keine Ahnung, ob ich das alles alleine erledigen kann.

이걸 전부 어떻게 혼자 처리할 수 있을지 모르겠어.

B: Mach dir keine Sorgen. Ich werde dich nicht **im Stich lassen**.

걱정 마. 내가 도와줄게(널 곤경에 처하게 내버려 두지 않을 거야).

비슷한 표현 : jdn. im Regen stehen lassen

직역하면 '~를 비 맞게 내버려 두다' 이다. 이 표현 또한 '고민 또는 어려움에 빠져 있는 사람을 혼자 두다', '돕지 않다' 라는 뜻으로 쓰인다.

fremd gehen
einen Seitensprung machen

바람피우다
외도하다

낯선 곳으로 간다는 의미가 들어 있는 'fremd gehen'은 '외도하다', '바람 피우다'의 뜻으로 쓰인다. 'Seitensprung'은 원래 'ein Sprung zur Seite', 즉 '밖으로 뛰기'라는 뜻인데 오늘날은 일반적인 결혼 생활에서 일탈하는 것을 의미한다.

Beispiel - 1

In Deutschland ist **ein Seitensprung** keine strafbare Handlung.
독일에서 바람피우는 것은 법적으로 처벌 받을 일이 아니다.

Beispiel - 2

A: Warum **geht** man eigentlich **fremd**?
왜들 바람을 피우는 걸까?

B: Wahrscheinlich ist es die Lust auf Abwechslung, die einen zum Ehebruch lockt.
아마 외도를 부르는 다른 어떤 것에 대한 욕망이 아닐까.

abwarten und Tee trinken

(인내를 가지고) 조용히 지켜보다

병이 빨리 낫지 않는다며 불평하는 환자들에게 의사들이 했던 말이라고 한다. "Abwarten und Tee trinken. (좀 지켜보고 차를 드세요)" 여기서 'Tee'는 'Kräutertee(약효가 있는 허브차)'를 뜻한다. 한편, 차가 제맛이 나려면 뜨거운 물을 붓고 조금 시간이 지나야 하는데, 차의 진정한 맛을 느끼려면 너무 성급하게 마시지 말라는 뜻에서 이 표현이 유래했다는 설도 있다.

Beispiel

A: Wie war dein Vorstellungsgespräch?
   면접 어땠어?

B: Ich habe mich bemüht, meine Stärken in kurzer Zeit zu zeigen. Aber ich bin mir nicht sicher, ob es bei denen richtig angekommen ist.
   짧은 시간에 나의 강점을 부각시키려고 노력했는데 제대로 어필이 됐는지 모르겠어.

A: Wann bekommst du das Ergebnis?
   결과는 언제 나와?

B: In drei Wochen.
   3주 후에.

A: Dann bleibt erst einmal nur **abwarten und Tee trinken**.
   그렇다면 일단 인내를 가지고 기다려 봐야겠네.

etw. auf die hohe Kante legen
etw. auf der hohe Kante haben

저축하다

꼬불쳐 두다

아껴 두다

'hohe Kante'는 과거에 쓰이던 침대의 닫집(또는 감실[龕室]: 집 모양의 작은 모형)을 뜻한다. 부자들이 그 속에 귀중품 등을 숨겨 놓았다고 하는데, 종종 비밀 상자 같은 것도 들어 있었다고 한다. '(어려운 시기를 위해) 아껴두다' 정도의 뜻으로 사용되는 표현이다.

Beispiel

A: Jetzt ist gerade der richtige Zeitpunkt, in die Börse zu investieren.

지금이 딱 주식에 투자할 시기야.

B: Leider **haben** wir nichts **auf der hohen Kante**.

안타깝지만 우리는 여윳돈이 없어.

비슷한 표현: etw. auf die Seite legen / etw. auf der Seite haben

einen Kater haben

(술을 많이 마신 다음 날) 술기가 남아 있다
숙취가 남아 있다

이 표현은 수고양이를 일컫는 'Kater'와는 사실 아무 관련이 없다. 과거 19세기 독일의 대학생들도 요즘 대학생들과 마찬가지로 밤새 술을 마신 모양이다. 다음 날 머리가 아프고 피곤하면 수업을 빠질 핑계를 만들기 위해 의사한테 호흡기 질환 중 하나인 'Katarrh'라는 진단을 받았는데, 이 진단을 받으면 2~3일 간 결석이 허가되었다고 한다. 나중에 친구들이 왜 결석했는지 물으면 "Ich hatte einen Kater."라고 대답했다는데, 어려운 진단명을 발음이 비슷한 'Kater'로 쉽게 부르기 시작했고, 오늘날에는 '숙취가 남아 있다', '술 마셔서 머리가 띵하다'라는 의미로 쓰이게 되었다.

Beispiel

A: Was ist denn los mit dir? Bist du krank, oder was?
무슨 일이야? 너 어디 아프니?

B: Nein, richtig krank bin ich nicht. Ich **habe** nur **einen Kater** von gestern Abend.
아픈 건 아니고, 어제 저녁에 마신 술이 아직 안 깨서 그래.

Halt die Klappe!

닥쳐! 조용히 해!

'Klappe' 는 '뚜껑', '덮개', '폴더' 라는 뜻을 지니고 있다. 과거 성당이나 교회의 성가대 의자는 접이식이 많았는데, 의자를 조심히 다루지 않고 무심코 내릴 경우 큰 소리가 나기 때문에 의자가 다 내려갈 때까지 뚜껑을 잡고 있으라고 한 데서 유래한 표현이다. 오늘날에는 '조용히 해!', '닥쳐!' 와 같은 의미로 쓰인다.

Beispiel

A: Du laberst* ja schon eine halbe Stunde.
   Halt endlich mal **die Klappe**.

   너 벌써 30분째 떠들고 있잖아. 이제 그만 좀 닥쳐 줄래?

B: Ich bin jetzt so aufgeregt.

   나 지금 엄청 흥분했거든.

*labern : 수다를 떨다 (≒ plaudern, quatschen)

비슷한 표현 : Halt den Mund! / Halt die Schnauze! / Halt die Fresse!
좀 거친 표현이므로 꼭 필요할 때가 아니면 사용하지 않는 게 좋다.

jdm. Wurst/Wurscht sein

관심 없어
상관없어
신경 안 써

'Es ist mir Wurst'를 직역하면 '그건 내게 소시지야'가 되지만, 실제로는 '난 상관없어'라는 뜻이다. 소시지로 유명한 독일에서는 식육점(Metzgerei)에서 직접 소시지를 만드는데, 소시지에는 동물의 다양한 부위가 들어가기 때문에 사람들이 소시지를 만드는 과정을 알면 비위가 상할 수 있으므로 차라리 모르는 게 낫다는 데서 이러한 표현이 생겼다고 한다. 비스마르크는 법을 만드는 것을 소시지 만드는 것에 빗대어 다음과 같이 말했다고 한다.

"Je weniger die Leute wissen, wie Würste und Gesetze gemacht werden, desto besser schlafen sie!"
"사람들은 소시지와 법이 만들어지는 방법을 모르면 모를수록 잠을 편히 잘 수 있을 것이다."

이 밖에도 소시지의 양쪽 끝이 똑같이 생겨서 어느 쪽으로 먹어도 똑같은 데서 '상관없다'는 뜻으로 발전했다는 설도 있다. 오늘날에는 형용사화되어 소문자 'wurst/wurscht'로 쓰기도 하며, 'egal (상관 없다)'의 의미를 지닌다. 따라서 'Es ist mir egal'은 'Es ist mir wurst'와 같은 뜻이다.

Beispiel - 1

A: Für welche Mannschaft bist du?
어느 팀 응원해?

B: **Mir ist** es eigentlich **Wurst/wurst**. Die bessere Manschaft wird schon gewinnen.
사실 난 별로 상관 안 해. 잘하는 팀이 이기겠지.

Beispiel - 2

Das **ist mir** vollkommen **Wurscht/wurscht**.
난 전혀 신경 안 써.

비슷한 표현 : Es ist mir egal. / Scheißegal!

010

von jdm./etw. die Nase voll haben

~하는 데 지쳤다

지긋지긋해 신물이 난다

더 이상 못 해 먹겠다

'die Nase voll haben' 이라는 표현은 보통 코감기 등으로 코가 맹맹해져 기분이 나쁜 상태를 묘사한 것이라고 오해할 수 있지만, 과거에 감옥살이를 하는 죄수들이 선고 받은 형과 더불어 얼굴(코)에 주먹으로 가격을 당했던 상황에서 유래해, '벗어나고 싶은 상황'을 빗댄 표현이다. 유사한 표현으로 'die Schnauze voll haben' 이 있는데 'Schnauze' 는 동물, 특히 강아지의 코를 말한다. 따라서 'Schnauze voll haben' 은 같은 뜻이지만 좀 더 강하고 거친 뉘앙스를 풍긴다.

Beispiel - 1

A: Wie lange müssen wir denn noch warten?

얼마나 더 기다려야 하는 거야?

B: Der Flug soll Verspätung haben. Es kann sein, dass er erst Morgen früh ankommt.

비행기편이 연착된대. 내일 일찍(새벽에) 도착할 수도 있어.

A: Ich **habe die Nase voll vom** ewigen Warten.

계속 기다리는 거 지긋지긋해.

Beispiel - 2

Viele Leute **haben die Nase voll von** den Lügen der Politiker.

많은 사람들은 정치인들의 거짓말에 신물이 났다.

jdm. ein Dorn im Auge sein

~에게 눈엣가시다

구약 성경의 민수기 33장 55절에서 유래한 표현으로, 우리말의 '눈엣가시' 와 같은 의미로 사용된다. 사람 혹은 어떤 상황에 빗대어 쓸 수 있는 표현이다.

"너희가 그 땅의 주민들을 너희 앞에서 쫓아내지 않으면, 너희가 남겨 놓은 자들이 너희 눈에 가시가 되고 너희 옆구리에 바늘이 되어, 너희가 살아갈 그 땅에서 너희를 괴롭힐 것이다." (민수기 33:55)

Beispiel - 1

Der Petroleumindustrie sind Umweltaktivisten ein Dorn im Auge.
석유사업계에 있어서 환경운동가들은 눈엣가시다.

Beispiel - 2

Dem Diktator **sind** ausländische Medien **ein Dorn im Auge.**
그 독재자에게는 해외 언론이 눈엣가시다.

den Faden verlieren

맥락을 잃다
방향성을 잃다

주로 대화나 연설 중에 갑자기 말이 막히는 것을 은유적으로 묘사한 표현이다. 하던 이야기를 놔두고 잠시 옆으로 샜을 때, 다시 하던 이야기로 매끄럽게 돌아오지 못하는, 즉 문맥을 잃은 상태를 나타낸다. 경우에 따라서는 '방향성을 잃다' 라는 뜻으로 쓰이기도 한다.

그리스 신화에서 온 표현이라는 설이 있다. 테세우스가 미노스 왕의 딸 아리아드네에게서 실패를 하나 받았는데 테세우스는 그 실 덕분에 라비린토스(미궁)에서 무사히 탈출할 수 있었고 한다. 말을 할 때도 말이 이 신화의 실패처럼 줄줄 잘 연결이 되어야 하는데 갑자기 그 '말의 실' 을 잃으면 말 또는 연설을 자연스럽게 이을 수 없게 된다. 바로 이런 상황을 은유적으로 묘사한 표현이다. 한편, 재단사가 일하다가 실을 못 찾아 일이 막히는 상황에서 왔다는 설도 있다.

Beispiel

A: Hast du dich auf deine Rede vorbereitet?

연설 준비 했어?

B: Wieso? Ich werde einfach frei reden.

왜? 나 그냥 원고 없이 연설할 거야.

A: Tu das lieber nicht. Ich habe mal bei einer Rede mehrmals **den Faden verloren**, weil ich auch gedacht hatte, frei zu sprechen sei besser.

그러지 마. 난 연설 중에 몇 번이나 맥락을 잃은 경험이 있어. 텍스트 없이 연설을 더 잘할 수 있다고 생각했었거든.

auf der Bärenhaut liegen
(auf der faulen Haut liegen)
sich auf die Bärenhaut legen

(아무것도 안 하고) 게으름 피우다

『게르마니아(Germania)』의 저자인 타키투스가, 게르만족 남자들이 전쟁이나 사냥을 하지 않을 때는 집안의 모든 일을 여자들에게 맡기고 자신들이 사냥한 곰의 가죽(Bärenhaut) 위에 누워서 게으름을 피웠다고 기록한데서 이런 표현이 나왔다. 직역하면 '(곰 가죽) 바닥에 눕다'라는 뜻이다. 'Bärenhaut' 대신에 'faulen Haut'를 넣어도 뜻은 같다.

Beispiel - 1

A: Was machst du normalerweise am Wochenende?
보통 주말에 뭐하시나요?

B: Am liebsten **lege** ich **mich auf die Bärenhaut** und höre Musik.
게으름 피우면서 음악 듣는 걸 제일 좋아해.

Beispiel - 2

Statt an die Arbeit zu gehen, **lag** sie lieber **auf der faulen Haut**.
그녀는 일하러 가는 것보다 차라리 그냥 (집에서) 빈둥거리는 것을 좋아한다.

in seinen vier Wänden

집에서

이 표현을 직역을 하면 '자신의 4개의 벽 안에서'가 되는데 이는 곧 집을
말하는 것이다. 즉 '자신의 집 또는 방에서'라는 뜻을 지닌 표현이다.

Beispiel

A: Ein herrliches Wetter draußen. Wollen wir nicht Eis
essen gehen?

바깥 날씨 환상적이다. 아이스크림 먹으러 나가지 않을래?

B: Eis habe ich auch im Kühlschrank. Ich will lieber
Starcraft spielen.

아이스크림은 냉장고에도 있어. 난 차라리 스타크래프트 할래.

A: Bei so einem Wetter kannst du doch nicht einfach **in
deinen vier Wänden** vor dem Monitor sitzen.

이런 날씨에 그냥 집에서 모니터 앞에 앉아 있을 수는 없는 거잖아.

jdm. brennt etw. auf der Zunge

말하고 싶어 안달이 나다

직역하면 '혀가 탄다'는 말이 되는데, 목이 탄다고 하면 갈증이 난다는 뜻인 것처럼 혀가 탄다고 하면 '무슨 말을 하고 싶어 입이 근질근질하다'라는 뜻으로 보면 된다.

Beispiel

A: Seit dem Anfang Ihres Vortrags **brennt** mir eine Frage **auf der Zunge.***

발표 시작하신 이후 계속해서 질문 하나가 하고 싶었습니다.

B: Dann fragen Sie doch.

질문하세요.

---

* 'Zunge'를 이용한 다른 표현

└ eine schwere Zunge : (술을 많이 마시거나, 피곤해서) 꼬부라진 혀
　– 우리말의 '입이 무겁다'와는 전혀 다른 뜻이므로 주의할 것

└ eine feine Zunge haben : 미식가이다

016

nur Bahnhof verstehen

무슨 소리인지 모르겠다

1차 세계대전 당시, 철도는 병사·보급품·군 장비 등을 이송하는 매우 중요한 교통수단이었다. 고향으로 돌아가고 싶은 군인들은 기차역을 뜻하는 'Bahnhof'를 자연스럽게 고향과 연관 지어 생각하였고, 무슨 이야기를 듣든지 간에 문장 속에 나오는 'Bahnhof'라는 말 외에는 못 알아들었다는 표현에서 유래했다. 오늘날에는 '도통 무슨 소리인지 모르겠다'라는 의미로 사용된다.

Beispiel

A: Was ist dein Lieblingsbuch?

제일 좋아하는 책이 뭐야?

B: 'Pensees' von Pascal.

파스칼의 『팡세』.

A: Ist das Werk nicht zu schwer?

그 작품 너무 어렵지 않니?

B: Als ich mit 15 zum ersten Mal das Buch gelesen habe, **verstand** ich **nur Bahnhof**.
Aber jetzt glaube ich zu wissen, weshalb dieses Buch nach Jahrhunderten immer noch beliebt ist.

14살 때 처음 이 책을 읽었을 때 무슨 말인지 도통 이해가 가지 않았어. 그런데 이 책이 수세기가 지나서도 여전히 인기 있는 이유를 지금은 알 것 같아.

017

unter vier Augen

단 둘이서

4개의 눈 사이. 즉 보는 사람도 듣는 사람도 없는 '단 둘이서'라는 뜻을 지니고 있다. 'Vier-Augen-Gespräch / Vieraugengespräch'는 단둘이서 (은밀하게) 하는 대화를 의미한다.

Beispiel - 1

Wir sind doch **unter vier Augen**, du kannst ruhig zugeben, dass du dich in deinen Kommilitonen* verliebt hast!

듣는 사람도 없는데 학교 친구한테 푹 빠져 있다고 그냥 인정해라!

Beispiel - 2

Bei einem **unter vier Augen** geführten Gespräch zwischen den beiden Politikern kam es zu keiner Annäherung.

두 정치인 간의 단독 회담은 어떠한 진전도 이끌어내지 못했다.

비슷한 표현 : nur zu zweit / ohne weitere Zuhörer oder Zuschauer

* der Kommilitone / die Kommilitonin은 대학에서 같이 공부를 하는 사람을 지칭하는 말로 전우, 동지의 뜻을 지닌 라틴어 commilito에 어원을 두고 있다. Kommilitone 대신에 Mitstudent라는 말도 쓴다.

참고로 친구를 지칭하는 표현 중 Kamerad도 자주 쓰인다. 원래 한 내무반에서 같이 생활하는 군인을 지칭하는 말이었는데 지금은 '친구'라는 뜻으로 자주 쓴다(Klassenkamerad : 학우).

jdn. grün und blau schlagen

두들겨 패다
멍이 나도록 누구를 때리다

'jdn. verprügeln, schlagen' 등과 같은 뜻으로 보면 된다. 사람이 맞으면 녹색, 파란색, 노란색과 유사한 색깔의 멍이 생긴다는 데서 이 표현이 유래했다는 설도 있고 우리도 그렇게 이해하는 데 무리가 없지만 정설은 아래와 같다.

과거에는 천연 인디고 물감으로 천을 염색하면 처음에는 연두색이었다가 공기를 통해 산화되어 천천히 푸른색으로 변했는데, 이 과정을 좀 더 빠르게 하기 위해 막대기 등으로 천을 계속해서 때린 데서 이 표현이 유래했다고 한다. 누군가를 흠씬 두들겨 팬다고 할 때 쓰는 표현이다.

Beispiel

Die Polizisten haben die festgenommenen Demonstranten **grün und blau geschlagen**.

경찰이 붙잡은 시위대를 두들겨 팼다.

ein/sein blaues Wunder erleben

예기치 못한 ✓(부정적인) 일을 겪다
예상하지 못한 봉변을 당하다

'jdn. grün und blau schlagen'과 마찬가지로 염색공들이 쓰던 표현에서 유래했다. '눈이 시퍼렇게 되도록 두들겨 맞는 기적(Wunder)을 체험하게 될 것이다'라고 위협을 가하는 말이 오늘날에는 '예상치 못한 일을 겪다', '봉변을 당하다'라는 뜻으로 쓰이고 있다.

또한 파란색은 과거에 거짓, 속임수를 나타내는 색깔이었다.

Beispiel

Der Tabellenführer Dortmund **erlebte** zu Hause **ein blaues Wunder.*** Der ehemalige Real Madrid Stürmer Raul traf drei Mal für Schalke.

리그 선두 도르트문트는 안방에서(홈경기에서) 예상치 못한 봉변을 당했다. 과거 레알 마드리드 공격수였던 라울이 샬케(분데스리가 축구팀)에게 3골을 선사했다.

→ 이 예문에서 'blaues Wunder'는 두 가지 의미로 쓰였다. 하나는 홈경기에서 패배를 당하는 봉변을 당했다는 것이고 다른 하나는 샬케 팀이 파란색 유니폼을 입기 때문에 상대 팀 홈그라운드에서 거둔 승리를 '푸른 기적'으로 표현한 것이다.

* 1891~1893년 드레스덴에 지어진 철교인 로슈비처 다리(Loschwitzer Brücke)는 'Das blaue Wunder'로도 불리는데, 처음에 녹색으로 칠한 다리가 수십 년 동안 환경의 영향으로 파란색으로 변하자 이를 예기치 못하게 부정적인 일을 당한 것에 비유해 'Das blaue Wunder'라고 부르게 되었다는 속설이 있다. 그런데 사실 이 다리는 지어질 당시부터 파란색으로 칠을 했고, 당시로서는 매우 뛰어난 건축물이라는 의미로 '푸른색의 기적(Das blaue Wunder)'이라고 불렸다고 한다.

blauer Montag *
blau machen **

* 노는 월요일, (과음으로) 결근하는 월요일
** 땡땡이치다, 일 안 하다

이 표현 역시 염색공들의 언어에서 나온 것이다. 월요일은 염색공들이 쉬는 날이었다. 과거 염색공들은 일요일에 염색을 위해 천을 염료에 담그고 월요일에 꺼내서 바람에 말렸는데 천이 파란색으로 변할 때까지 바람에 말리는 동안 특별히 할 일이 없었기 때문에 'blauer Montag (파란 월요일)'이라는 표현은 '일 안하는 월요일'을 의미하고, 'blau machen (파랗게 하다)'은 '게으름 피우다' 또는 '일 안 하다' 등의 의미로 쓰인다.

Beispiel - 1

Morgen haben wir einen **blauen Montag**.

내일은 쉬는 월요일이야.

Beispiel - 2

Lass uns heute Nachmittag **blau* machen**.

오늘 오후에는 일하지 말자.

---

* blau가 들어간 또 다른 표현
    └ mit einem blauen Auge davonkommen : 큰 피해 없이 위기를 모면하다
    (큰 피해, 부상 또는 손실을 입지 않고 눈에 시퍼런 멍 하나로 큰 위기를 모면한다는 뜻에서)

die grüne Lunge

(도시 등의 공원, 열대우림 등) 녹지 공간

독일은 환경, 환경공학 등 분야의 선두주자다. 따라서 근래 들어 환경 관련 표현들도 많이 생겨났는데 'die grüne Lunge'는 직역을 하자면 '녹색 폐'를 뜻한다. 주로 열대우림 지역이나 대도시 등의 녹지 공간을 나타낸다.

Beispiel

Der tropische Regenwald ist **die grüne Lunge** der Erde.
열대우림 지역은 지구의 산소보급소(폐)다.

독일을 비롯한 많은 유럽국가에서는 환경, 복지 등을 중요시하는 정당 등이 존재하는데 이들을 Die Grünen(녹색당)이라고 부른다. 독일의 경우 정당들의 색깔이 분명한 편인데 그러다 보니 정당을 상징하는 색깔들이 자리잡았다.

Grün	Die Grünen	녹색당
Rot	SPD, Die Linke	사민당, 좌파당
Schwarz	CDU, CSU	기민당, 기사당
Gelb	FDP	자민당

예) Die rot-grüne Regierung will die Gesundheitsreform fortsetzen.
: 적녹(사민당+녹색당) 연정(연합정부)이 보건개혁을 관철시키고자 한다.

auf keinen grünen Zweig kommen

성공적이지 못하다
삶을 유지할 기반을 마련하지 못한다

고대 로마 시대의 로마인들과 게르만족과 켈트족은 언제나 푸른 상록수에 좋은 기운과 영혼이 있다고 믿어 소나무 등을 집에 들이곤 했는데 그럴 형편이 안 되는 사람들은 'auf keinen grünen Zweig kommen', 즉 '녹색 가지에 도달하지 못한' 것이었다. 그래서 좋은 영혼과 기운을 받아들이지 못한다는 의미에서 온 표현으로, 오늘날 '생계의 기반(직장 등)을 마련하지 못하다' 또는 '성공적이지 못하다' 라는 뜻으로 주로 쓰인다.

Beispiel - 1

A: Ich hoffe, dass ich endlich eine vernünftige Arbeitsstelle finde.

제대로 된 일자리 좀 찾고 싶어요.

B: Machen Sie sich keine große Sorgen, auch wenn Sie bisher **auf keinen grünen Zweig gekommen** sind. Mit unserer Agentur sind Sie schon auf dem richtigen Weg.*

지금까지 성공적이지 못했다고 해서 너무 걱정하지 마세요. 우리 에이전시와 함께하신다면 제대로 하고 계시는 것입니다. 곧 직장을 얻을 거예요.

* auf dem richtigen Weg sein : 제대로 하고(가고) 있다.
auf dem falschen Weg sein : 잘못 하고(가고) 있다.

023

Zum Kuckuck (nochmal)!

제기랄!
도대체

과거 뻐꾸기(Kuckuck)는 악마를 상징하는 동물이었다. 'Zum Kuckuck (nochmal)!'은 '악마에게로 가버려!'라는 의미를 지니고 있다. 그러나 오늘날은 그 의미가 많이 완곡해져 그냥 '제기랄', '젠장!', '도대체'처럼 혼잣말로 하는 가벼운 욕설 또는 푸념의 성격을 띠고 있다.

Beispiel

A: Hier vor dem Schöneberger Rathaus sagte einst John F. Kennedy: "Ich bin ein Berliner."
여기 쇠네베르그 시청 앞에서 존 에프 케네디가 "나는 베를린 사람이다."라고 외쳤었지.

B: Er ist doch kein Berliner? Oder kommen etwa seine Eltern aus Berlin?
케네디는 베를린 사람이 아니잖아? 아니면 부모님이 베를린 출신이야?

A: Oh nein. Er hat es doch nicht wörtlich gemeint.
그게 아니라. 함축적인 뜻으로 한 말이야.

B: Was **zum Kuckuck*** soll das denn bedeuten?
그럼 그게 도대체 무슨 소리야?

A: Er äußerte seine Solidarität mit den West-Berlinern. Das heisst, dass die damalige BRD mit der Unterstützung der USA rechnen kann.
서베를린 사람들과의 유대감을 나타낸 것이지. 즉 당시 서독이 미국의 지원을 기대해도 좋다는 말이었어.

* Kuckuck이 들어가는 표현 중 자주 쓰이는 것으로 'Das weiß der Kuckuck!', 'Weiss der Kuckuck'이 있다. 약간 투박한 말투로 '귀신만이 안다', '누가 알겠느냐', '아무도 모른다'라는 뜻을 지니고 있다. 비슷한 뜻이지만 좀 더 점잖은 느낌으로, 'Das wissen die Götter (하늘만이 알 일이다)'라는 표현이 있다.

예문) A: Wann beginnt denn endlich der Frühling? 언제쯤이면 봄이 올까?
B: Weiss der Kuckuck! 누군들 알겠어.

eine Schraube locker haben
nicht ganz dicht sein
nicht alle Tassen im Schrank haben

나사가 풀렸다

제정신이 아니다

맛이 갔다

나사가 빠지거나 제대로 조여져 있지 않을 경우 기계가 제대로 작동되지 않는다는 데서 온 표현이다. 'dicht'는 '빈틈없이', '단단히'라는 뜻으로 'nicht ganz dicht sein'이라고 하면 '빈틈없지 않다', 즉 나사가 제대로 조여져 있지 않다는 의미에서 우리말의 있는 '나사가 하나 풀렸다'라는 표현과 같은 의미로 쓰인다고 이해하면 쉽다.

'nicht alle Tassen im Schrank haben'은 직역을 하자면 '찬장 속에 잔들이 다 채워져 있지 않다'라는 뜻이지만 사실 이 표현은 잔(Tasse)과는 관계가 없고, '이성(理性, Verstand)'을 뜻하는 이디시어 'toschia'에서 유래한 표현으로 독일 사람들이 'toschia' 대신에 발음하기 쉬운 'Tassen'을 쓰면서 생겨난 표현이다. 오늘날에는 '제정신이 아니다', '뭐 하나 빠진 사람인 것 같다'라는 뜻으로 쓰이고 있다.

Beispiel - 1

Wer mit 120 in eine Autobahnausfahrt fährt, der muss bestimmt **eine Schraube locker haben**.

고속도로 출구를 시속 120으로 빠져나가는 녀석은 분명 나사가 하나 풀린 녀석일 거야.

Beispiel - 2

Du **hast** wohl **nicht alle Tassen im Schrank**. / Du hast sie wohl nicht alle!

너 정신 나갔어?

einen Vogel haben

미쳤다

제정신이 아니다

앞 장의 'eine Schraube locker haben', 'nicht ganz dicht sein', 'nicht alle Tassen im Schrank haben'과 유사한 표현이다. 옛날에는 정신질환이 있는 사람을 두고 귀신이 들렸거나 머리 안에 새가 들어왔다고 생각했다. 이와 같은 맥락으로 'Bei dir piept's wohl! (네 안에서 새소리가 나는구나! = 너 미쳤구나!)'라는 표현도 쓴다.

Beispiel

A: Ich bin aber gespannt, wie kalt es im Wasser ist.

물속이 얼마나 차가울지 기대되는 걸.

B: Du willst doch nicht bei dieser Kälte ins Wasser springen?

이 추위에 물속에 들어가겠다는 것은 아니지?

A: Wieso denn nicht? Willst du etwa nicht?

왜? 넌 안 들어갈 거야?

B: **Hast** du **einen Vogel**? Wenn du willst, mach das alleine. Ich bleibe am Ufer und wenn was ist, dann mache ich einen Notruf.

너 제정신이니? 하고 싶으면 혼자 해. 난 여기 있다가 무슨 일 생기면 119(독일은 112)에 전화할 거야.

jdn./etw. in Schach halten

(위험 또는 위협이 되지 못하게끔) 꼼짝 못하게 하다

제압하다

통제하다

체스 게임에서 온 표현이다. 서양 장기, 즉 체스를 독일어로 'Schach' 라고 하는데 'Schach! (장군!)' 이라고 하면 상대방 말들의 움직임이 위축되는데, 이런 상황을 빗대어 'etw. in Schach halten', 즉 '사람 또는 어떤 상황을 꼼짝 못하게 통제 또는 제압하다' 라는 뜻을 지닌다.

원래 'Schach' 라는 단어는 페르시아어로 왕을 뜻하는 'schah' 의 발음을 독일어로 표기한 것으로서 체스 게임 마지막에 부르는 'Schach matt.' 는 'schah mate. (왕이 죽었다)' 라는 말에서 왔다. 영어로는 'Checkmate!' 라고 한다.

Beispiel - 1

Hunderte Polizisten **hielten** mit Tränengas und Wasserwerfern die Demonstranten **in Schach**.

수백 명의 경찰관이 최루탄과 살수차로 시위대를 통제했다.

Beispiel - 2

Das neu erfundene Medikament soll die Epidemie **in Schach halten**.

새로 발명된 약이 그 유행병의 확산을 막아준다고 한다.

비슷한 표현 : jdn./etw. unter Kontrolle haben

027

wie die Heringe (in der Büchse) stehen/liegen

숨 쉴 틈 없이 빽빽하다

바닷가에 면한 독일의 북부 지역은 스칸디나비아 반도의 영향으로 청어를 즐겨 먹는다. 청어는 오늘날에는 많이 비싸졌지만 과거에는 값도 싸고 먹는 방법도 다양했다. 청어는 주로 구워먹거나 절여먹고 통조림으로 판매되기도 하는데, 청어 통조림을 열면 청어(Hering)가 꽉 차 있다는 데에서 온 표현이다. 우리말의 '콩나물 시루처럼 빽빽하다' 정도의 의미이다.

Beispiel

A: Seid ihr mit dem Auto gekommen?
   너희들 차 타고 왔어?

B: Nein, mit der U-Bahn. Wir hätten lieber mein Auto nehmen sollen.
   아니 지하철 탔어. 차라리 내 차 타고 오는 편이 나을 뻔 했어.

A: Was ist passiert?
   무슨 일 있었어?

B: Erstens sind wir in die falsche Richtung gefahren, zweitens war die U-Bahn voll und da **standen** wir **wie die Heringe.***
   일단 반대 방향으로 가는 지하철을 탔고, 또 지하철에 사람이 숨 쉴 틈이 없을 만큼 많이 탔거든.

* 독일 제2제국의 재상 비스마르크(Otto von Bismarck, 1815~1898)는 절인 청어 요리를 좋아해서 이렇게 말했다고 한다. "Wenn Heringe genau so teuer wären wie Kaviar, würden ihn die Leute weitaus mehr schätzen(청어가 캐비어만큼 비싸다면 사람들은 분명 청어를 더 귀하게 생각할 것이다)."
  Bismarckhering : 절인 청어 요리로 시큼한 맛이 나며 양파, 겨자씨 등이 들어가 있다. 보통 구운 감자와 곁들여 먹거나 'Brötchen(겉은 딱딱하고 속은 부드러운 모닝빵)' 속에 절인 청어를 넣어서 먹는데 이를 'Bismarckbrötchen'이라고 부른다. 비스마르크가 이 요리를 특별히 좋아해서 이런 이름이 붙었다고 한다.

Schmiere stehen

망보다

'Schmiere (기름, 유지)'의 원래 뜻과는 상관없이 발음이 비슷한 히브리어 'schemirah (경비, 관찰)'에서 온 표현이다. 주로 도둑질 등의 범죄 행위를 하면서 망을 본다는 뜻으로 쓰인다.

Beispiel

Anton **stand Schmiere**, damit seine Komplizen beim Diebstahl nicht erwischt wurden.

도둑질을 하는 자신의 동지들이 발각되지 않도록 안톤이 망을 봤다.

in der Kreide stehen *
rote/schwarze Zahlen schreiben **

*빚이 있다
**적자/흑자를 기록하다

동서고금을 막론하고 외상으로 술을 마시는 사람들이 있었던 모양이다. 과거 독일에서는 외상으로 밥이나 술을 먹으면 칠판에 분필로 기록을 해두었다고 한다. 따라서 'in der Kreide stehen (분필로 쓰여 있다)'는 표현이 '외상장부에 기록되어 있다'라는 뜻으로 쓰이다가 오늘날에는 '빚을 지고 있다'라는 표현으로 쓰이고 있다.

같이 알아두면 좋은 표현으로 '빨간 글씨를 쓰다', 즉 '적자를 기록하다'라는 의미인 'rote Zahlen schreiben (Verluste machen)'와 그 반대말인 '흑자를 기록하다'라는 의미를 지닌 'schwarze Zahlen schreiben (Gewinne machen)'가 있다.

Beispiel - 1

Der durchschnittliche Koreaner **steht** mit 10 Millionen Won **in der Kreide**.
평균적으로 한국인 1인당 천만 원의 빚을 지고 있다.

Beispiel - 2

Trotz strenger Sparprogramme und Lohnkürzungen **schreibt** der Konzern **rote Zahlen**.
그 기업은 강력한 비용절감 프로그램과 임금삭감에도 불구하고 적자를 기록하고 있다.

Beispiel - 3

Das Unternehmen **schreibt** drei Jahre in Folge* **schwarze Zahlen**.
그 기업은 3년 연속으로 흑자를 기록하고 있다.

* ~ Jahre in Folge : ~년 연속으로

Das kann kein Schwein lesen.

(글씨가 영망이라서) 아무도 못 읽는다

직역하면 '어떤 돼지도 못 읽는다' 라는 뜻이지만 이 표현은 사실 돼지와는 전혀 관계가 없다. 과거 북독일 지역의 어느 한 도시에 교육 수준이 높은 스와인(Swyn 또는 Svein) 가가 살았다고 하는데, 당시에는 부유한 사람들만 교육을 받을 수 있었기 때문에 글을 읽는 사람들이 스와인 가 사람들밖에 없어서 동네 사람들이 우편물이나 문서 등이 있으면 스와인 가에 문의하곤 했다고 한다. 스와인 가 사람들조차 읽을 수 없었을 때 저지 독일어로 'Dat kann keen Swyn lesen! (Das kann kein Schwein lesen)', 즉 '이것은 스와인 가 사람들도 못 읽어' 라고 했다는 데서 이 표현이 유래했다. 'Swyn' 과 'Schwein' 의 발음의 유사성 때문에 오늘날에는 "Das kann kein Schwein lesen" 이라고 말한다. 'kein Schwein=niemand' 라고 생각하면 된다.

Beispiel

A: Sei doch mal so nett und lies bitte, was ich geschrieben habe.
내가 쓴 거 좀 읽어 줄래?

B: Ist das Arabisch oder Deutsch? Deine Schrift **kann doch kein Schwein lesen**.
이게 아랍어야 독일어야? 네가 쓴 건 아무도 못 읽을 거다.

etw. auf die leichte Schulter nehmen

~을 중요시하지 않다
~을 진지하게 다루지 않는다
~을 대수롭지 않게 생각하다

직역하면 '~을 가벼운 어깨 위에 놓는다'라는 뜻이지만, 보통 무겁고 중요한 것은 오른쪽 어깨에 메고 가볍고 값이 안 나가는 물건은 왼쪽 어깨에 멘 데서 '중요하게 생각하지 않는다', '쉽게 생각한다'라는 의미를 지니게 되었다.

Beispiel

A: Du hustest ja fürchterlich. Geh doch mal zum Artzt!
너 기침을 심하게 하네. 병원에 한번 가보지 그래.

B: Ach, das geht sicher von allein wieder weg.
그냥 있다 보면 낳을 거야.

A: Ich würde das nicht **auf die leichte Schulter nehmen**.
그리 마음 편하게 생각할 일이 아닌 것 같은데

auf der falschen Spur sein

잘못 생각하다
삼천포로 빠지다

'die Spur'는 '실마리', '단서', '차선' 등의 뜻을 지니고 있다. 'auf der falschen Spur sein'은 직역하면 '잘못된 길에 놓여있다'라는 뜻인데 '틀린 생각을 하고 있다', '엉뚱한 데로 빠지고 있다'라는 의미로 쓰인다.

Beispiel

Dadurch läßt es sich nicht lösen. Ich befürchte, wir **sind auf der falschen Spur**.

그것으로는 해결이 안 돼. 우리가 틀린 방향으로 가고 있는 것 같아.

ein abgekartetes Spiel
eine abgekartete Sache

짜고 치는 고스톱

'abkarten'은 카드게임을 하기 전에 카드를 미리 보는 것으로 'ein abgekartetes Spiel'이라고 하면, 결과가 이미 정해져 있거나 상대방에 불리하게끔 또는 상대방이 손해를 보도록 사전에 짜고 치는 고스톱, 주최 측의 농간 등으로 이해할 수 있다.

Beispiel

Was die Politiker da treiben, ist doch **ein abgekartetes Spiel**.
정치인들이 지금 하고 있는 것은 완전 짜고 치는 고스톱이잖아.

〈카드게임과 관련된 또 다른 표현〉
└ jdm. in die Karten sehen
　카드게임을 할 때 상대방의 카드를 몰래 본다는 의미. 상대방의 숨겨진 의도를
　몰래 엿보는 것.
└ mit offenen Karten spielen
　카드를 보여주고 경기를 한다는 표현. 아무것도 숨기지 않고 무슨 일을 진행
　할 때 쓰는 표현.
└ alles auf eine Karte setzen
　모든 것을 카드 하나에 걸다. 즉 올인하다.
　예) Er **setzt** mit vollem Risiko **alles auf eine Karte**.
　　그는 엄청난 위험부담을 안고 올인했어.

unter einer Decke stecken

한통속이다

직역하면 '한 이불 아래 있다'라는 뜻이다. 막 결혼한 부부가 증인들 앞에서 같은 이불 안에 있는 것이 목격되면 혼인이 성사된 것으로 보는 게르만족의 결혼법에서 유래한 표현으로 현재는 우리말의 '한통속이다'와 같은 의미로 쓰인다.

Beispiel

A: Weiss man endlich, wie er ermordert wurde?

그가 어떻게 살해되었는지 이제 뭐 좀 나왔대?

B: Es soll einige Beweise geben, dass Polizei und Geheimdienste bei seiner Ermordung **unter einer Decke steckten**.

경찰과 첩보기관이 그의 살해와 관련해 한통속이라는 증거가 몇 가지 있다고 하네.

sich auf die Socken machen

그만 일어서다
떠나다

'sich auf die Socken machen (양말 위로 올라서다)' 는 앉아 있거나 누워 있던 상황에서 어디로 가기 위해, 즉 떠나기 위해 발을 땅에 디디는 모습을 생각하면 이해할 수 있는 표현이다.

Beispiel

A: Wer hat denn angerufen?

누가 전화 했어?

B: Das war meine Mutter.

우리엄마.

A: Was hat sie denn gesagt?

뭐라 하시는데?

B: Sie meint, sie wird in 10 Minuten zu Hause ankommen.

10분 후에 집에 도착한대.

A: Dann mache ich besser die Fliege.*

나 그럼 도망갈래.

B: **Mach dich** schnell **auf die Socken.**

그럼 얼른 가.

비슷한 표현 : Ich hau ab / Ich verschwinde
나 그만 갈래 / 나 도망갈래 / 나 여기서 사라질게

* Ich mach besser die Fliege : 직역하자면 '나 지금 파리(역할) 할래' 라는 말이지만, 위 문맥에서는 '지금 집에 갈래(ich möchte jetzt gehen)' 라는 뜻이다. 파리가 잡힐까봐 이리저리 자리를 옮기며 날아다닌다는 데에서 나온 표현.

036

über Stock und Stein

국경을 넘어

과거 독일은 많게는 300여 개의 국가로 나뉜 적도 있다. 따라서 국경이나 마을의 경계는 간단하게 표시를 했다고 한다. 마을의 경계는 나무로 된 막대기로, 국경의 경계는 돌로 표시되어 있었다. 따라서 'über Stock und Stein (막대기와 돌 너머)' 라는 말은 '국경을 넘어' 라는 뜻을 지니고 있다. 주로 동화책에서 많이 볼 수 있는 표현이다.

Beispiel

Die Flüchlinge wanderten **über Stock und Stein**, bis sie ihre Heimat wieder erreichten.

난민들은 국경을 넘어 고향에 도착했다.

jdm. etw. abknöpfen

누군가로부터 돈 등을 얻다
가져가다
(불법행위를 말하는 것은 아님)

'Knopf'는 우리말로 '단추'이고, 'abknöpfen'이라고 하면 '단추를 떼다'라는 뜻이 된다. 과거 돈 많은 남자들의 옷에는 종종 금이나 은으로 만든 단추가 달려 있었는데, 간혹 걸인들이나 형편이 어려운 사람들에게 단추를 하나씩 떼어 주었다고 한다. 우리말의 '돈을 뜯어 간다'라는 표현과 비슷한 뉘앙스를 지니고 있다.

Beispiel

Mein Bruder hatte mal wieder sein ganzes Taschengeld ausgegeben. Gestern Abend hat er **mir 20 Euro abgeknöpft**, um ins Kino zu gehen. Keine Ahnung, wann ich das Geld wiedersehe.

내 동생이 용돈을 또 다 써버렸대. 극장 간다고 어제 저녁에 나한테 20유로로 뜯어 갔어. 언제 돌려받을 수 있을지 모를 일이지.

auf die Barrikaden gehen

격렬히 반대하다

시위하다

19세기 프랑스 6월 혁명(1830년)과 독일의 3월 혁명(1848~1849년) 당시 시위를 저지하기 위한 방법 중 하나가 길거리에 바리케이드를 설치하는 것이었다. '바리케이드 위에 올라간다(auf die Barrikaden gehen)' 라는 것은 그만큼 격렬하게 시위를 한다는 의미이다.

Beispiel

Tausende Studierende gingen **auf die Barrikaden**,
um für niedrigere Studiengebühren zu demonstrieren.

대학생 수천명이 등록금인하를 위해 (거세게) 시위 했다.

비슷한 표현 : auf die Straße gehen
(시위를 위해) 거리로 나서다 / 시위하다 / 데모하다

wie warme Semmeln weggehen
sich wie warme Semmeln verkaufen

불티나게 팔린다
나오는 대로 팔린다

'Semmel'은 오스트리아와 바이에른 지방에서 즐겨 먹는 빵인데, 굽자마자 따뜻할 때 먹는 게 맛있다. 막 구운 빵이 바로 팔린다고 해서 생긴 표현이다. 스위스에는 'Semmel' 대신에 'Weggli'라 한다.

Beispiel - 1

Die Tickets **gehen weg wie warme Semmeln.**
표가 불티나게 팔린다.

Beispiel - 2

In Korea **verkauft sich** der neue Golf* **wie warme Semmeln.**
한국에서는 새로 나온 골프가 불티나게 팔린다.

* 'Golf'는 폭스바겐 사에서 제조하는 해치백 형태의 승용차 모델

040

schwarz auf weiß

글로써
문서로
분명히

직역하면 '흰색 위에 검은색으로' 라는 뜻이다. 즉 흰색 바탕의 종이에 검정펜으로 쓴 글로써 '분명히 명시하여' 라는 뜻을 지니고 있다.

Beispiel

A: Ich hatte keine Ahnung, dass ich solche Rechte hatte.

　내가 그런 권리를 가지고 있다는 것을 몰랐어.

B: Wieso? Kannst du nicht lesen? Es steht ja hier alles
schwarz auf weiß.

　왜? 글 못 읽어? 여기 분명히 써 있잖아.

A: Wer liest schon das Kleingedruckte auf dem Blatt?

　그 깨알 같은 글씨를 누가 읽기나 하겠어?

mit jdm. durch dick und dünn gehen

산전수전을 함께 겪다
괴로울 때나 힘들 때나 함께하다

이 표현은 원래 'mit jdm. durch dicht und dünn bewaldetes Gelände gehen'에서 온 표현이다. 누군가와 함께 강도, 산적 등이 나타날 수 있는 나무와 숲이 무성한 곳을 걸어간다는 것은 그 사람과 함께 어려움과 두려움을 함께 한다는 뜻이다.

Beispiel

A: Ich werde nicht heiraten. Wenn ich alleine lebe, habe ich ja keinen Streit und Ärger.

난 결혼 안할 거야. 혼자 살면 싸울거리도 없잖아.

B: Ja, Streit und Ärger wird es dann zu Hause nicht geben. Aber ich finde es schon eine wunderschöne Sache, jemanden. zu haben, der **mit einem** wirklich **durch dick und dünn geht.**

그래 집에서 싸울거리는 없겠지. 그런데 괴로울 때나 힘들 때나 함께할 사람이 있다는 것은 정말로 멋진 일이야.

sich hören lassen

(기꺼이) 받아들일 수 있다

말이 된다

누군가 어떤 제안을 했을 때 수긍이 가는 경우 'Das lässt sich hören.'이
라고 말하면 된다. '들을 만하다', 즉 '받아들일 수 있다'라는 뜻이다.

Beispiel - 1

A: Ich überleg mir, wo ich für ein paar Tage übernachten*
könnte, bis ich eine Wohnung finde.

집 찾는 며칠 동안 어디서 머물러야 할지 생각 중이야.

B: Meine Mitbewohnerin** ist für eine Woche im Urlaub.
Wenn du willst, könntest du erstmal bei mir bleiben.

같이 사는 사람이 1주일 동안 휴가 떠났어. 괜찮으면 일단은 우리집에 있어도 돼.

A: Das **lässt sich hören.**

듣던 중 반가운 소리네.

* bei jdm. übernachten 누구네 집에서 잠자다.
** Mitbewohnerin/Mitbewohner : WG (Wohngemeinschaft) 등에서
방을 같이 쓰는 사람

비슷한 표현 : Das ist eine gute Idee. / Das ist ein guter Vorschlag.

der Zug ist abgefahren

이미 늦었다

버스는 떠났다

물 건너갔다

직역하면 '기차가 출발했다' 라는 뜻으로 이미 늦어서 상황을 바꿀 수 없다는 것을 의미한다. 우리말의 '버스는 떠났다' 와 같은 의미로 쓰인다.

Beispiel

A: Wolltest du nicht im Ausland arbeiten? Du hattest
doch schon mehrere Stellenangebote bekommen.
너 외국에서 일하고 싶어하지 않았니? 해외 일자리 제안도 많이 들어왔잖아.

B: Ja, aber früher dachte ich, dass ich bessere
Bedingungen bekommen könnte. Und jetzt bin ich
nicht mehr der Jüngste. **Der Zug ist** wohl **abgefahren**.
맞아. 더 나은 조건으로 일할 수 있다고 생각했지. 이젠 나이가 차서 물 건너갔어.

aus jdm. Hackfleisch machen

누군가를 혼쭐내주다

늘씬 패다

'Hackfleisch'는 햄버거 등에 쓰이는 다진 고기를 말하는데, 누구를 다진 고기로 만든다는 것은 '누군가를 심하게 때리겠다', '혼내주겠다'라는 뜻으로 주로 상대방에게 겁을 줄 때 쓰는 표현이다.

Beispiel

A: Wenn du mich noch einmal betrügst, **mach** ich **aus** dir **Hackfleisch**.

다시 한 번 날 속이면 늘씬 패주겠어.

B: Ich schwöre, dass ich dich nie wieder betrügen werde.

다시는 너를 속이지 않겠다고 맹세할게.

ans Tageslicht kommen

백일하에 드러나다

밝혀지다

우리말에서 어두웠던 부분이 밝아진다고 표현하는 것처럼 독일어에서도 어두웠던 부분, 감춰졌던 부분이 밝아질 때 쓰는 표현이다. 밤에는 캄캄해서 잘 볼 수 없지만 낮에 해가 뜨면 백일하에 드러나기 마련이다. 오랫동안 숨겨졌던 진실 또는 비밀이 밝혀질 때 유용하게 쓸 수 있는 표현이다.

Beispiel - 1

Die Straftaten der Verdächtigen **kamen ans Tageslicht**.

용의자들의 범죄행위가 백일하에 드러났다.

Beispiel - 2

Als die Korruptions-Skandale der Regierung **ans Tageslicht kamen**, waren die Bürger sehr enttäuscht.

정부의 비리가 밝혀졌을 때 시민들은 매우 실망했다.

ein rotes Tuch für jdn. sein

화를 부르는 사람
화를 부르는 것(상황)

투우에서 나온 표현이다. 투우사가 붉은 천을 흔들면 황소가 천을 향해서 달려드는데 '누군가에게 빨간 수건(천)'이라는 것은 화를 불러일으키는 사람/물건/상황을 뜻한다.

Beispiel

A: Kommst du zu meiner Party? Peter und Gisela kommen auch.

내 파티에 올 거지? 페터와 기젤라도 올 거야.

B: Dann bleibe ich lieber zu Hause. Die beiden **sind ein rotes Tuch für mich**. Sie streiten andauernd.

그럼 그냥 집에 있을래. 둘은 (항상) 나를 화나게 해. 둘이 맨날 싸우거든.

auf dem Holzweg sein
sich auf dem Holzweg befinden

착각하다
잘못된 방향으로 가고 있다
갈피를 못 잡다

'Holzweg' 라는 단어를 보았을 때 나무로 만든 길이라 탄탄대로를 뜻하는 것이 아닐까 생각할 수도 있다. 하지만 'Holzweg' 는 나무로 만든 도로를 지칭하는 것이 아니고 탄탄대로는 더더욱 아니다. 나무꾼들이 나무를 하는 과정에 만들어진 길로 어디로 향하는 길이 아니므로 'auf dem Holzweg sein' 이라고 하면 '착각하다', '잘못된 방향으로 향하고 있다' 라는 뜻이다.

Beispiel

A: Man will jetzt die Atomenergie stärker fördern.

이제 원자력 에너지 지원을 강화하겠대.

B: Wenn sie die ganze Zeit über grünes Wachstum reden, würde doch Wind- und Solarernergie besser passen. Ich glaube, die Regierung **befindet sich auf dem Holzweg.**

계속해서 녹색성장에 대해 이야기하는 마당에 차라리 풍력이나 태양력 발전이 더 적당하지 않을까? 내 생각에 정부가 갈피를 못 잡고 있어.

비슷한 표현 : auf dem falschen Weg sein / auf der falschen Spur sein

Flagge zeigen

입장을 분명히 하다

소속을 밝히다

이 표현은 해군 또는 해운 종사자들이 쓰던 표현에서 유래했다. 'Flagge zeigen'은 깃발을 보여 줌으로써 선박의 국적 또는 소속 해운회사를 밝힌다는 의미이다. 오늘날에는 '자신의 입장을 분명히 한다' 라는 의미로 쓰이고 있다.

Beispiel

A: Für wen ist er denn?

그는 도대체 누구 편이야?

B: Wenn ich sehe, wie er sich verhält, habe ich keine Ahnung. Ich glaube, er sollte endlich **Flagge zeigen**.

하는 거 봐서는 도무지 모르겠어. 자신을 좀 더 드러냈으면 좋겠어.

'Flagge streichen' 이라는 표현도 있는데 '깃발을 내리다'로 해석된다. 과거 해상전투 시 깃발을 내리면 패배를 인정하고 항복을 하겠다는 뜻이었는데, 오늘날에도 같은 의미로 쓰이고 있다.

durch die Lappen gehen

도망치다

다 잡은 것을 놓치다

'entkommen' 과 같은 뜻이다. 과거에는 사냥꾼들이 사냥을 할 때, 주변에 동물들이 도망가지 못하도록 다양한 색깔의 천을 연결하여 걸어놓았다고 한다. 동물들은 대개 흔들리는 천에 겁을 먹고 도망을 가지 못했는데, 간혹 걸어놓은 천 사이로 빠져나가는 경우에 사용한 표현이다. 'durch die Lappen gehen'은 직역하자면 '천 사이로 빠져나가다' 라는 뜻으로 사람이나 어떤 기회, 일 등을 다 잡았다가 놓쳤을 때 이 표현을 쓴다.

Beispiel - 1

Wir müssen aufpassen, damit der Täter uns nicht **durch die Lappen geht**.

범인이 도망가지 못하도록 주의를 해야 한다.

Beispiel - 2

Ruf mal bei den Leuten an. Diesen interessanten Auftrag solltest du dir nicht **durch die Lappen gehen** lassen.

거기 연락 한번 해봐. 이 괜찮은 일을 놓치면 안되지.

050

jdn. auf den Arm nehmen

(농담 등을 통해서) 누구를 골려주다

아이를 팔로 안아서 같이 놀아주는 모습에서 나온 표현이다. 어른이 아이를 팔로 안고 아이를 웃게도 하고 울리기도 하는 것처럼 누군가를 골려주는 모습을 묘사하는 표현이다.

Beispiel

A: Du kannst ja echt gut singen. Bewirb dich* doch für 'Deutschland sucht den Superstar'.**
너 노래 정말 잘하는데. '독일이 슈퍼스타를 찾는다' 방송에 한번 나가봐.

B: Du willst **mich** wohl **auf den Arm nehmen!**
나 놀리는 거 아니야?

* sich bewerben : ~에 지원하다
** Deutschland sucht den Superstar : 독일판 'American Idol'.
한국에는 '슈퍼스타K' 가 있다.
경쟁을 통해서 가수왕을 뽑는 TV 프로그램.

jdm. unter die Arme greifen

도움을 주다
원조하다

넘어지거나 쓰러지는 사람의 팔 밑(겨드랑이 밑)을 받쳐주거나, 넘어져 있는 사람을 일으켜 세울 때 상대의 팔 밑으로 자신의 양팔을 넣어서 일으키는 모양을 생각해보면 이 표현의 의미를 쉽게 추측할 수 있다. 'helfen (돕다)'라는 의미를 지닌 표현이다.

Beispiel

Den Banken wurde mit Rettungsgeldern der Regierung **unter die Arme gegriffen**.

정부가 은행들에게 구호자금으로 구호의 손길을 뻗었다.

이 밖에도 독일어 표현 중에는 'Arm(팔)'과 관련된 표현이 많다.

└ jdm. mit offenen Armen aufnehmen : ～를 두 팔 벌려 환영하다, 환대하다

└ Arm in Arm : 손에 손잡고, 함께, 팔짱 끼고

└ etw. im Ärmel haben : 비장의 무기를 숨기고 있다

　　　　　　　　(카드놀이에서 팔에 카드를 숨겨놓고 속임수를 쓴 데서 유래)

└ einen langen Arm haben : 폭넓은 영향력을 지니고 있다

└ jdm. in die Arme laufen : 'zufällig begegnen'과 같은 의미로 '우연히 누군가와 맞닥뜨린다'라는 뜻을 지니고 있다.

seinen (eigenen) Augen nicht trauen

눈을 의심하다
믿기 어려운 것을 보다
(~을 보고) 크게 놀라다

직역하면 '눈을 믿지 못한다' 라는 뜻으로 우리말의 '눈을 의심하다' 와 같은 표현이다.

Beispiel - 1

Das Publikum konnte **seinen Augen nicht trauen**.
관중들이 믿기 힘든 광경을 보았다.

Beispiel - 2

Sie werden **Ihren Augen nicht trauen**, wenn Sie diese wunderschöne pazifische Insel besuchen.
태평양의 이 이름다운 섬을 방문하면 당신의 눈을 의심하게 될 것이다.

우리말에 '눈을 의심하다' 라는 표현과 더불어 '귀를 의심하다' 라는 표현이 있는 것처럼, 독일어에도 'Augen' 대신에 'Ohren' 을 넣으면 '귀를 의심하다', '(~를 들어) 깜짝 놀라다' 라는 표현이 된다.

예문) Als ich die Nachricht damals hörte, traute ich meinen Ohren nicht.
당시 그 소식을 듣고 제 귀를 의심했습니다.

(große) Augen machen

놀라다
눈이 휘둥그레지다

'Augen machen', 즉 눈을 'machen' 한다면 무슨 말인지 알 수 없다. 'große Augen machen'을 줄여서 쓴 표현으로 'große'를 넣어도 되고 빼도 된다. 'große Augen machen'이라고 하면 이해가 한결 쉬워진다. 부러워서, 감격해서, 믿기 어려운 일이어서 눈이 휘둥그레질 정도로 놀란다는 표현이다.

Beispiel

A: Ich werde Vater.
　나 아빠 돼.

B: Was?
　뭐?

A: Da **machst** du aber **(große) Augen**!
　놀랐구나.

'Augen'이 들어가는 다른 표현
└ kleine Augen machen : 매우 피곤해서 눈이 거의 감기는 상태를 말한다.
└ jdm. schöne Augen machen : 이성에게 구애하다/작업 걸다. 여자들이 마음에
　드는 남자 앞에서 눈을 예쁘게 깜빡깜빡 하는 모습을 생각하면 된다.
　(비슷한 표현 : flirten, anmachen)

sich blicken lassen

얼굴도장을 찍다
얼굴을 비추다
(잠시) 어디에 참석한다

'blicken'은 원래 '보다'라는 뜻이지만, 보통 구어체에서 'sich blicken lassen'이라고 할 경우 '자신을 비추다', 즉 우리말 표현의 '(어디어디에) 자신의 얼굴을 비추다'라는 뜻이 된다. 'vorbeikommen', 'erscheinen', 'einen (kurzen) Besuch machen', 'vorbeischauen'과 유사한 뜻을 지니고 있으며 주로 잠시 동안 얼굴만 비추고 가는 경우에 많이 쓰인다.

Beispiel

A: Ich dachte, Sie könnten heute nicht kommen.

오늘 못 오시는 걸로 알고 있었는데요.

B: Ja, ich muss gleich wieder weg. Ich wollte nur mal kurz vorbeischauen und **mich blicken lassen**.

네, 곧 다시 가봐야 해요. 잠시 들러서 얼굴도장 찍고 가려고요.

wie ein Blitz aus heiterem Himmel

마른 하늘에 날벼락

예기치 못한 안 좋은 일이 발생할 경우 쓰이는 표현으로 우리말 표현과 정확하게 뜻이 일치한다.

* der Blitz : 번개
* der Blitzkrieg라고 하면 많은 폭격을 동반한 전격전을 말하는데 영어에서도 독일어 그대로 'blitzkrieg' 라고 한다.

Wie ein Blitz aus heiterem Himmel traf es den Patienten, als der Doktor feststellte, dass er Krebs hatte.

의사가 내린 암 진단은 환자에게 마른 하늘에 날벼락 같은 소식이었다.

056

jdm. geht ein Licht auf

먼가를 갑자기 이해하다/깨우치다

비유적으로 어둠 속에서 보지(알지) 못했던 것을 불이 켜지면서 보고 이해하게 되었다는 표현이다. 주로 도무지 이해하거나 알 수 없었던 부분을 갑자기 깨우치게 되는 경우 쓰는 표현이다.

빛에 대한 이러한 표현은 성경에서 왔을 가능성이 높다. 성경에서는 빛이 'Erkenntnis(지식)', 'Erleuchtung(깨달음)'의 의미를 지니기도 한다(마태복음 4장 16절 참고).

Beispiel

A: Was mache ich nur? Ich habe das Passwort vergessen.

나 어떡해? 암호를 잊어먹었어.

B: War das nicht dein Geburtsdatum?

네 생년월일 아니었어?

A: Nein.

아니야.

B: Nimm dir die Zeit und denk mal nach.

천천히 생각해봐.

A: Jetzt **geht** mir **ein Licht auf**. Ich hab's endlich.

이제 알것 같아. 드디어 기억났어.

ein alter Hase sein

산전수전 다 겪은 (현명한) 사람이다

베테랑이다

산 속에 살고 있는 토끼들은 하루하루 갖가지 위험을 이겨내며 살아간다. 사냥꾼에게 잡힐 수도 있고, 여우나 늑대와 같은 천적들에게도 항상 노출되어있다. 따라서 나이 든 토끼는 오랫동안 모든 위험을 다 극복하고 살아남은 토끼이므로 매우 현명하다고 믿기 시작한 데서 유래한 표현이다.

Beispiel

A: Es wundert mich, wie er diesmal seine Firma aus der Krise gerettet hat.

이번에 위기에서 회사를 살린 것을 보면 참 놀라워.

B: Er **ist** doch **ein alter Hase**. Dieser CEO hat schon schlimmere Zeiten überlebt.

산전수전 다 겪은 베테랑이잖아. 이보다 힘든 시기에도 살아남았거든.

058

mit Samthandschuhen anfassen

매우 조심해서 다루다

아끼다

'der Samthandschuh'는 '벨벳 장갑'이다. 벨벳 장갑을 끼고 조심해서 다뤄야 할 만큼 조심스럽게 사람을 다룬다고 할 때 쓰는 표현이다.

Beispiel - 1

Wir haben den alten Herrn Bergmann eingeladen. Den müsst ihr **mit Samthandschuhen anfassen**. Er ist etwas empfindlich.

나이 지긋하신 베르그만 씨를 초대했어. 신경 써서 대해야 할 분이야. 약간 예민한 성격이거든.

Beispiel - 2

Die Meiers erwarten ihr erstes Kind. Herr Meier **behandelt** seine Frau wirklich **mit Samthandschuhen**.

마이어네 가족의 첫 번째 아이 출산을 기다리고 있어. 마이어 씨는 부인을 정말 조심스레 대하고 있어.

Alter Schwede!

(오랜) 친구야!

주로 남자들이 쓰는 표현으로 보통 친구나 동지를 부를 때 쓰는 표현이다. 경우에 따라서는 우리말의 '야, 이놈아', '이 녀석, 오랜만이네' 정도로 해석할 수 있겠다. 독일의 '30년 전쟁'에는 스웨덴에서 온 용병들이 참전했는데, 스웨덴 출신 용병들의 용맹이 알려지면서 전후에도 스웨덴 용병들이 인기가 많았다. 그때부터 쓰인 표현으로, 스웨덴 사람이 아닌 사람들을 부를 때도 이런 표현을 쓰게 되었다. 간혹 놀라움을 나타내는 감탄사로 쓰기도 한다.

Beispiel

A: Bist du nicht Sebastian?

너 세바스티안 아니야?

B: Ja. Du bist ja Rolf. **Alter Schwede**, du lebst ja noch? Lange nicht mehr gesehen.

어, 맞아. 넌 롤프잖아. 야, 이놈아! 아직 살아있었네? 오랜만이다.

jdm. grünes Licht geben

누군가에게 청신호를 주다

누군가에게 허가를 하다

신호등 색깔 중 녹색이 가리키는 의미를 생각하면 쉽게 이해할 수 있을 것
이다.

Beispiel

Der Bundestag hat der Regierung **grünes Licht** für das
Projekt **gegeben**.

연방의회는 정부의 프로젝트를 승인했다.

비슷한 표현 : sein OK / Okay geben

etw. auf dem Herzen haben

마음에 걸리는 게 있다

마음에 두고 있는 게 있다

무언가를 마음에 두고 생각하거나 신경쓰고 있다는 뜻으로 우리말의 '무엇이 마음에 걸린다' 라는 표현과 유사하다.

Beispiel

A: Du siehst so besorgt aus. Was **hast** du denn **auf dem Herzen**?

너 너무 근심에 싸여 있어 보인다. 마음에 두고 있는 게 뭐야?

B: Nein, ich bin einfach müde.

그냥 피곤할 뿐이야.

A: Bist du krank?

어디 아파?

B: Nein, schlimmer. Ich bin pleite. Ich kann den Rest des Monates keinen Euro mehr ausgeben.

더 심각해. 나 완전 빈털터리 신세야. 이번 달에 돈이 1유로도 없어.

A: Ein wenig Geld könnte ich dir leihen.

내가 돈을 조금 빌려줄 수 있어.

sein Herz an jn./etw. hängen

~에 애착이 있다

~를 매우 아끼다

~에 열정을 쏟아 붓다

이 표현을 그대로 우리말로 옮긴다면 '자신의 심장(마음)을 어디에 걸다' 라는 뜻을 지닌다. 심장을 걸어 둘 정도로 매우 아끼는 물건이나 온 마음을 다 바칠 만한 일이나 사람을 나타내고자 할 때 쓰는 표현이다.

Beispiel - 1

Feodora hatte **ihr Herz daran gehängt**, Ballerina zu werden.
페오도라는 발레리나가 되고자 전심을 쏟아 부었다.

Beispiel - 2

Mein Herz hängt noch **an** meinem alten Fahrrad, das ich von meinem Großvater geschenkt bekommen habe.
할아버지한테 선물로 받은 오래된 자전거에 아직 애착이 간다.

Beispiel - 3

Mein Herz hängt an Werder*, seit ich 7 Jahre alt war.
저는 7살 때부터 베르더 브레멘 팬이었습니다.

* 독일 분데스리가 축구팀 'SV Werder Bremen' 을 말함.

hinter jdm. her sein

누군가의 뒤를 밟다

누군가를 추적하다

'누구 뒤에 있다' 라고 해석이 되지만 '누군가의 뒤를 밟아 좇고 있다' 라는 뜻으로 주로 쓰인다.

Beispiel

A: Ich bin erleichtert, dass die Diebe endlich hinter Gittern sitzen.

도둑들이 드디어 감옥에 들어가서 다행이야.

B: Die Polizei hat diesmal an Vertrauen gewonnen. Sie sollen schon lange **hinter** der Diebesbande **her** gewesen **sein**.

경찰이 이번에 신뢰를 얻게 됐지. 경찰이 이미 오랫동안 그 도둑 일당의 뒤를 밟고 있었다고 하더라.

an den Hungerpfoten saugen
am Hungertuch nagen

굶주리다
손가락 빨다

'an den Hungerpfoten saugen'에서 'die Pfote'는 동물의 앞발을 지칭하는 명사이다. 겨울잠을 자는 곰이 지방을 섭취하기 위해서 앞발을 빨아 먹는다는 데서 유래한 표현이다.

'nagen'은 '핥다', '갉아먹다'라는 뜻의 동사이다. 과거 교회에서 금식 기간에 예배당과 성찬대 사이를 천으로 가렸다고 하는데 언제부턴가 금식 기간에 걸어 놓는 이 천을 'Hungertuch(단식포)'라고 부르기 시작했다고 한다. 천에 그리스도의 수난을 상징하는 그림을 수놓아서 원래는 'am Hungertuch nähen(단식포에 바느질하다)'라는 표현이 'am Hungertuch nagen(단식포를 핥다/갉아먹다)', 즉 '금식포를 갉아먹을 정도로 배고프다'라는 표현으로 발전했다.

두 가지 표현 모두 굶주린다는 뜻인데, 많은 경우 우리말의 '손가락을 빨다'처럼 재미있는 느낌으로 쓰인다.

Beispiel - 1

Früher waren die Studenten sehr arm und hatten oft nicht genug zu essen. Aber die heutigen Studenten **nagen** nicht mehr **am Hungertuch**.

과거 대학생들은 매우 가난했고 먹을 것이 부족한 경우가 다반사였다. 하지만 오늘날 대학생들은 더 이상 굶주리지 않는다.

Beispiel - 2

A: Ab nächste Woche gibt es kein Taschengeld.

다음 주부터는 용돈 없다.

B: Ich soll wohl **an den Hungerpfoten saugen**.

나 보고 손가락 빨고 있으라는 거야?

mit etw. ist Essig

원상복구 안 된다
~는 이제 끝났다
이제 못 쓴다

양조장에서 쓰이는 표현에서 왔다는 설이 있다. 와인이 식초(Essig)처럼 시큼해지면 가치가 떨어져서 더 이상 쓸모가 없다는 데에서 이 표현이 유래했다고 한다. 이디시어의 'hessik/héˑsek (손해, 피해, 단점)'에서 유래했다는 설도 있다.

Beispiel

A: Wie sieht es morgen mit dem Wetter aus? Wenn es regnet, **ist** es **mit** dem Ausflug wohl **Essig**.

내일 날씨 어떻대? 비가 오면 소풍은 이제 물 건너가겠네.

B: Nach der Wettervoraussage soll es morgen keinen Regen geben.

기상예보에 따르면 내일 비는 안 내린다는데.

A: Hoffen wir, dass es so bleibt.

그 예보가 맞기를 바라야지.

kalte Füße bekommen/kriegen

겁에 질려 ✓포기하다 (계획을)

겁에 질리다

원래 도박판에서 딴 돈을 잃지 않고 그만 자리를 뜨고자 할 때 썼던 표현이라고 한다. 예나 지금이나 도박은 숨어서 하는 경우가 많은데 추운 지하 창고 같은 데서 도박을 할 경우 발이 차갑다는 이유를 도박을 그만두고 집으로 가기 위한 핑계로 썼다. 오늘날에는 겁이 나거나 걱정이 앞서 기존에 계획했던 것을 포기할 때 주로 쓰인다.

Beispiel

A: Wie war's in Australien?

호주 어땠어?

B: Es hat sehr viel Spaß gemacht. Wir haben viele interessante Sachen unternommen.

엄청 재미있었지. 재미있는 거 많이 했어.

A: Habt ihr auch Sky-Diving gemacht?

스카이다이빙도 해봤어?

B: Das wollte ich unbedingt, aber im letzten Augenblick **bekam** ich **kalte Füße** und konnte nicht aus dem Flugzeug springen.

꼭 하려고 했는데 마지막 순간에 너무 무서워서 비행기에서 뛰어내릴 수 없었어.

비슷한 표현 : Schiss haben / Angst bekommen

der letzte/neueste Schrei sein

최신 유행

얼핏 보면 '마지막 외침'으로 이해할 수 있지만, 실제 의미는 '최근의 외침'이다. 프랑스어에서 최신 유행을 뜻하는 'le dernier cri (최근의 외침)'을 그대로 독일어로 옮겨와 쓰는 표현이다.

Beispiel - 1

Der Smart-Stift **ist der letzte Schrei.**

스마트펜이 요즘 유행이야.

Beispiel - 2

Produkte aus der Telekomunikationsbranche, die gestern **der letzte Schrei waren,** können morgen schon im Müll landen.

어제까지 정보통신 분야의 최고의 히트 상품이었던 물건도 내일이면 쓸모 없는 물건으로 전락할 수 있다.

068

den Kopf hängen lassen *
Kopf hoch! **

*어깨가 축 처지다
**어깨 펴! 기운 내

시합에서 졌거나, 시험에서 떨어졌을 때 흔히 '어깨가 축 처지다' 라는 표현을 쓰는데, 독일에서는 '머리를 떨구다' 라고 말한다. 'den Kopf hängen lassen' 을 잘못 생각하면 '머리를 어디에 걸다', 즉 목을 졸라 매는 것으로 착각할 수 있다. 그러나 이 표현은 '머리를 떨구다', 즉 '기운이 없어서 어깨가 축 처진다' 라는 뜻이다. 누군가가 이렇게 어깨가 축 처져 있을 때는 'Kopf hoch!' 라고 말해주면 된다.

Beispiel

A: Du hast keinen Grund, **den Kopf hängen** zu **lassen**.
   Kopf hoch! Du warst heute klasse*.

   그렇게 기운 빠져 있을 이유 하나도 없어. 너 오늘 정말 멋졌어.

B: Ich weiß, dass ich heute Mist gebaut habe.
   Du brauchst mich nicht zu trösten.

   내가 오늘 일을 다 망쳐버린 거 알아. 날 위로해주지 않아도 돼.

> * Klasse : 명사로 쓰일 때는 영어의 'class' 와 마찬가지로 '반', '교실' 등의 의미로 쓰이지만 형용사나 부사로 쓰면 '멋진(멋지게)', '훌륭한(훌륭하게)' 의 의미를 지닌다. 그리고 감탄문으로 'Klasse!' 라고 하면, 'Super!' 와 유사하고, 우리말의 '짱!' 과 같은 뉘앙스이다.

das A und O

알파와 오메가
가장 중요한 것
계속해서 유효한 것
시작과 끝

독일어 격언 중 'Aller Anfang ist schwer. (시작은 언제나 어렵다)'와 'Ende gut alles gut. (끝이 좋으면 다 좋다)'라는 말이 있는 것처럼 시작과 끝맺음은 중요하다. 어떤 일에 있어서 가장 핵심적인 부분을 지칭하고자 할 때 쓰이는 표현이다. 그리스어의 알파벳은 알파(=A)로 시작하여 오메가(=Ω)로 끝난다. 이 표현은 성경(요한묵시록 [요한계시록] 22:13)에 기원을 두고 있다.

Beispiel - 1

Die Wünsche der Kunden sind **das A und O** all unserer Tätigkeiten.

고객의 요구가 우리 일의 시작점이자 목표다.

Beispiel - 2

Eine globale Strategie ist **das A und O** für Firmen, die Online-Spiele entwickeln.

온라인게임을 개발하는 업체에게 있어서 글로벌 전략은 필수다.

비슷한 표현 : das Wesentliche / der Kern der Sache

für jdn. die Hand ins Feuer legen

완전히 믿다

누군가를 100퍼센트 신뢰하다

누군가를 위해서 불에 손을 집어 넣는 희생을 각오할 정도로 믿고 확신을 갖는다는 뜻이다.

전해오는 이야기에 따르면 가이우스 무키우스 스카에볼라(Gaius Mucius Scaevola)가 불 속에 손을 집어 넣어 적에게 강인함을 보여줌으로써 로마를 구했다고 한다.

Beispiel - 1

Für ihn lege ich auch **die Hand ins Feuer.**

나는 그 사람을 전적으로 신뢰해.

Beispiel - 2

Für die Genauigkeit dieser Angaben würde ich **die Hand** nicht **ins Feuer legen**.

이 정보의 정확성을 완전히 믿지는 못하겠어. / 이 정보가 정확하다는 데에 다 걸지는 못하겠어.

ein langes Gesicht machen

울상이다

직역하면, '긴 얼굴을 하다' 라는 뜻이다. 슬프면 아래를 보고 축 처진 얼굴을 한다고 해서 '울상이다' 라는 뜻으로 쓰이고 있다.

Beispiel

A: Wieso **machst** du denn so **ein langes Gesicht**?

왜 그리 울상이야?

B: Ich habe mein Portemonnaie* verloren.

지갑을 잃어버렸어.

A: Warst du schon im Fundbüro?

분실물 보관소에 가봤어?

B: Darauf bin ich gar nicht gekommen. Danke für den Tipp.

그 생각은 미처 못했네. 아이디어 고마워.

* das Portemonnaie : 'Portmonee' 라고도 쓴다.

'einen langen Hals machen' 이라는 표현도 있다. 목을 쭉 빼서 뭔가를 더 자세히 보고자 하는 동작을 나타내는 표현이다.

tief in die Tasche greifen müssen

많은 돈을 내야 한다
더 많은 지출을 감수해야 한다

돈이 주머니에 있다고 생각을 해보면 쉽게 이해할 수 있는 표현이다. 돈을 많이 꺼내려면 주머니 속 더 깊은 곳까지 손을 넣어야 더 많은 돈을 잡아 꺼낼 수 있을 것이기 때문이다.

Beispiel - 1

Wegen der steigenden Ölpreise wird Fliegen jetzt teurer. Die Fluggäste **müssen** jetzt noch **tiefer in die Tasche greifen**.

기름값이 오름에 따라 비행기 타는 것이 이제 더 비싸진다. 항공기를 이용하는 고객들은 이제 더 많은 돈을 지불해야 한다.

Beispiel - 2

Für das Mensa-Essen **müssen** die Studenten jetzt **tiefer in die Tasche greifen**.

학생들은 이제 학생식당에서 밥을 먹으려면 더 많은 돈을 지불해야 한다.

jdn. zum Sündenbock machen

누구를 희생양으로 삼다

성경에 보면 인간의 죄를 대신해서 양을 제물로 바치곤 했는데 이런 양을 두고 '희생양(Sündenbock)'이라고 부르게 되었다.

Beispiel

Wichtig ist, dass man seine Fehler erkennt und auch die Verantwortung übernimmt. Es bringt nichts, einen **anderen zum Sündenbock** zu **machen**.

자신의 잘못을 자각하고 책임을 지는 것이 중요하다. 다른 사람에게 책임을 전가하는 것은 소용없다.

jdm. ist ein Stein vom Herzen gefallen

한시름 놓다

우리말 표현 중에 '마음이 무겁다' 라는 표현이 있다. 독일어에서는 '마음에서 돌이 떨어졌다' 라고 말하면 마음을 짓누르고 있던 무거운 짐을 덜었다는 뜻이다.

Beispiel - 1

Ich hatte mir Sorgen gemacht, weil ich kein Spanisch sprechen konnte, aber als ich darüber informiert wurde, dass eine Dolmetscherin mich ständig begleiten wird, **fiel mir ein Stein vom Herzen**.

스페인어를 못해서 걱정했지만 통역사가 계속 동행할 것이라는 소식을 들었을 때 마음이 한결 편해졌다.

Beispiel - 2

Nach erfolgreicher Ausreise aus dem Konfliktgebiet **fiel mir ein Stein vom Herzen**.

분쟁 지역을 무사히 떠나고서 한시름 놓을 수 있었다.

sang- und klanglos
ohne Sang und Klang

소리 소문 없이
조용히

일반적인 기독교식 장례식에서는 '(Ge)sang (찬송)'과 '(Glocken)klang (종소리)'이
울려 퍼지는데, 매우 간단한 장례식의 경우는 이러한 부분이 간혹 생략되
기도 했다. '찬송과 종소리 없이 떠났다(ohne Sang und Klang beerdigt sein)'라
는 표현이 오늘날에는 '소리 소문 없이 ~하다'라는 의미로 쓰이게 되었다.
반대로 'mit Sang und Klang'이라고 하면 '축제 분위기 속에서'라는 뜻이다.

Beispiel

Viele traditionelle Feste sind sang- und klanglos verschwunden

많은 전통 축제들이 조용히 사라졌다.

sich etw. hinter die Ohren schreiben

잊지 않게끔 아주 잘 기억해두다

'귀 뒤에 무엇을 쓰는 것(hinter die Ohren schreiben)' 이 아니다. 중세 때 땅 주인이 토지의 경계를 새로 확정 지으면 그곳에 아들을 데리고 나와서 뺨을 세게 때리거나(eine schallende Ohrfeige geben) 귀를 심하게 꼬집거나 잡아당겼다고 한다. 그렇게 귀싸대기를 맞은 장소, 즉 땅의 경계를 나이가 들어서도 잊지 않게끔 했다는 데서 유래한 표현이다.

Beispiel

A: Gott sei dank! Der Doktor meint, dass es nicht so schlimm ist. Aber ich soll aufpassen, dass es nicht schlimmer wird.

정말 다행이야. 의사가 그리 심각하지는 않다고 하네. 그런데 (병이) 더 악화되지 않도록 조심하래.

B: **Schreib dir hinter die Ohren**, dass du vorerst nichts trinken darfst.

너의 건강을 위해 일단은 술을 마시면 안 된다는 것을 꼭 명심해야 해.

Vitamin B

연줄

빽

네트워크

물론 'Vitamin B'는 '비타민 B'라는 뜻이 첫 번째 뜻이다. 그런데 일상에서는 'Vitamin B'를 'Beziehung', 즉 연줄, 네트워크, 인간관계 등의 의미로 쓰기도 한다. 비타민은 사람의 건강을 위해 필수적인 것이므로 인간관계나 연줄 등의 중요성을 이야기하고자 할 때 쓰는 재미있는 표현이다.

Beispiel

A: Nächstes Jahr würde ich am liebsten in der Personalabteilung arbeiten.

내년에는 무엇보다 인사과에서 일하고 싶어

B: Ohne **Vitamin B** bekommst du den Posten nie.

연줄이 없으면 그 자리 절대 못 따내.

jdm. bleibt die Spucke weg

할 말을 잃다
말문이 막히다

우리말 표현 중에 '입이 바싹 마르다', '입이 바싹 타다'라는 표현과 유사해 보이지만 의미는 다르다. 우리말 표현과 독일어 표현 모두 사람이 흥분하거나 놀라면 침이 마른다는 데서 생겨난 것이지만 'jdm. bleibt die Spucke weg'는 우리말의 '입이 바싹 마른다'처럼 긴장한다는 뜻이 아니라 화가 나서 또는 놀라서 할 말을 잃는다는 의미가 있다.

Beispiel

Als ich ihm gesagt habe, dass ich schwanger bin,
brauchst ihm **die Spucke weg**.
내가 임신했다고 말했을 때 그는 할 말을 잃었다.

079

jdm. bleibt die Sprache weg
jdm. verschlägt es die Sprache

할 말을 잃다
말문이 막히다

'wegbleiben'은 '떨어져 있는'이라는 뜻이다. 따라서 누군가에게 언어(말)가 떨어져 있다는 이 표현은 '(놀라서, 어이없어서) 할 말을 잃었다'라는 뜻이다.

Beispiel

A: Wie war dein Date?

데이트 어땠어?

B: Wenn ich nur daran denke, **bleibt mir die Sprache weg**.

그 일을 생각만 하면 (어의가 없어서) 할 말이 없다.

A: Was ist passiert?

무슨 일이 있었는데?

B: Wir haben uns um 2 Uhr vor dem Kino verabredet. Aber ich musste ewig auf sie warten.

극장 앞에서 2시에 만나기로 약속했어. 난 기다리고 기다렸지.

A: Wann kam sie denn?

언제 왔는데?

B: Gar nicht. Sie rief mich schließlich an und sagte, dass sie wegen einer Erkältung nicht kommen könne.

아예 오지 않았어. 결국 전화해서 감기 때문에 못 온다고 하더군.

sauer sein

화났다

기분 상했다

'sauer'는 '신맛이 나는'이라는 뜻인데 독일어에서는 'süß(달콤한)'의 반의어가 'bitter(쓰다)'가 아니라 'sauer'다. 기분 좋은 달콤함의 반대는 기분 나쁜 시큼함인 것이다.

Beispiel

A: Was ist los mit dir? **Bist** du **sauer** auf mich?

무슨 일이야? 나한테 화난 거야?

B: Nein, warum sollte ich **sauer sein**?

내가 화날 게 뭐가 있어?

den Gürtel enger schnallen

허리띠를 졸라매다
검소한 생활을 하다

우리말의 '허리띠를 졸라매다'와 정확하게 일치하는 독일어 표현이다.
'Gürtel'은 띠를 나타내는 단어로 주로 허리띠를 지칭한다. 'Gurt' 또한 띠
를 나타내는 단어로 'der Sicherheitsgurt'는 '안전띠' 라는 뜻이다.

Beispiel

In diesen wirtschaftlich schwierigen Zeiten müssen alle
den Gürtel enger schnallen.

경제적으로 어려운 시기에는 모두들 허리띠를 졸라매야 한다.

Theater machen

과장하다

오버하다

'das Theater'는 '연기' 또는 '(연극을 위한) 극장'을 나타내는 명사이다. 우리말의 '연기하지 마'라는 표현과 동일한 표현이 'Mach doch kein Theater'다. 어떤 일에 대해 과장된 반응을 보일 경우 쓰는 말이다. 영화를 보는 극장은 'das Kino'다.

Beispiel

A: Au!* Das tut ja weh.

아야, 정말 아파.

B: **Mach** doch kein **Theater!****

오버하지 마.

---

* Au! : 우리말에서는 아플 때 '아야' 하고 소리지르는데, 독일어에서는 'Au' 라고 한다.

** 'Theater' 가 들어가는 다른 유용한 표현
  Das ist doch alles Theater. 전부 연기잖아. / 전부 쇼잖아.

für etw. einen Riecher haben

~에 대해 직감이 있다

~에 대해 동물적인 감각을 지니고 있다

사냥꾼들이 쓰던 말에서 유래한 표현이다. 사냥개가 제대로 사냥감을 찾아내면 뛰어난 후각을 가지고 있다고 했을 것이다. 오늘날에는 '어떤 일에 대해 직관력이 있다', '정확하게 예측하는 동물적인 감각이 있다'라고 말할 때 쓰는 표현이다.

Beispiel

A: Ich glaube Benjamin **hat einen Riecher für** Aktien.

벤야민은 정말 주식에 대한 동물적인 감각을 가지고 있는 것 같아.

B: Hat er wieder Gewinne gemacht?

또 수익을 냈대?

A: Ja, seine Aktien sind wieder kräftig gestiegen.

응, 벤야민이 산 주식이 또 다시 올랐어.

(dem Baby) die Brust geben

아이에게 젖을 먹이다

(모유를 수유하다)

'(아이에게) 가슴을 주다', 즉 '젖을 먹이다'라는 뜻이다. 모유 수유를 할 경우에만 쓰는 표현으로 'das Baby stillen'이라고도 한다. 분유를 먹일 경우에는 '(dem Baby) die Flasche geben'이라고 한다.

Beispiel

A: In Korea haben die Frauen wieder angefangen, **ihren Babys die Brust** zu **geben**.

한국의 어머니들이 다시 모유 수유를 하기 시작했대.

B: Damit spart man nicht nur Geld, es soll auch gesünder sein.

돈이 절약될 뿐만 아니라 건강에도 좋다고 하더군.

weg vom Fenster sein

더 이상 주목을 받지 못하다
위치 또는 직책을 잃다

창문 밖으로 보면 다른 사람들이 무엇을 하는지 지켜볼 수 있다. 창밖의 풍경, 즉 그 동안의 관찰 대상이 사라진다는 것은 그것이 더 이상 주목을 받지 못한다는 것을 의미한다. 특히 많은 사람들의 관심을 받는 위치나 직책에 있는 사람이 해고 등을 당할 때도 종종 쓰는 표현이다.

Beispiel

A: Wenn das Team dieses Spiel verliert, **ist** der Trainer bestimmt bald **weg vom Fenster**.

이번 경기에서 패하면 감독이 분명 해고당할 것이다.

B: Das glaube ich aber auch.

내 생각에도 그래.

비슷한 표현 : von der Bildfläche verschwinden

jdn. auf dem Kieker haben

누구를 예의 주시하다

'Kieker'는 저지독일어(niederdeutsch)에서 망원경을 뜻한다. 망원경으로 관찰한다는 것은 누군가를 주의 깊게, 의심을 가지고 관찰한다는 뜻이다.

Beispiel

Unser Mathelehrer **hat** immer dieselben Schüler **auf dem Kieker**. Er weiß genau, wer seine Hausgaben nicht macht.

우리 수학 선생님은 항상 똑같은 학생들을 예의 주시하고 있어. 누가 숙제를 안 해오는지 정확하게 알고 있지.

aus dem Häuschen sein

(기뻐서) 흥분하다

이 표현을 보면 '집 밖에 있다'로 해석될 것 같지만 'sich aufregen' 또는 'außer sich sein'과 같은 뜻으로, '흥분하다', '이성을 잃다'라는 뜻이다. 'Häuschen(Haus의 축약형)'은 집을 나타내는데 아마도 사람의 정신이 머물러 있는 곳을 집(머리)이라고 생각했던 것 같다. 즉 정신이 집 밖으로 나갔다는 데서 온 표현일 것으로 추정된다. 단, 긍정적인 의미로 주로 쓰인다. 다시 말해, '너무 좋아서 이성을 잃는다'라는 느낌을 표현한다.

Beispiel

A: Wie war denn das Pop-Konzert gestern?

어제 콘서트 어땠어?

B: Einfach toll! Die Zuhörer **waren** völlig **aus dem Häuschen.**

완전히 멋졌어. 청중들이 좋아서 날뛰었지.

den Pantoffel schwingen

남편을 꼼짝 못하게 하다
부인이 칼자루를 쥐고 있다

'Pantoffel' 은 과거 주부들이 집 안에서 신고 있던 (나무)슬리퍼다. 슬리퍼를
휘두른다는 것은 부인이 남편을 휘어잡고 있다는 뜻이다.

Beispiel

A: Wieso macht Herr Schweizer immer Überstunden?
Hat er so viel zu tun?
슈바이처씨는 왜 항상 초과 근무를 하지? 할 일이 그렇게 많나?

B: Nein nicht deswegen. Seine Frau soll zu Hause **den
Pantoffel schwingen**.
그런 건 아니고 부인이 집에서 남편을 휘어잡고 있대.

비슷한 표현 : unter dem Pantoffel stehen 부인에게 꼼짝 못하다

in den sauren Apfel beißen

울며 겨자 먹기로 하다
총대를 메다

사과는 달아야 제맛이다. '시큼한 사과를 깨물다' 라는 것은 어쩔 수 없이
건강 등을 생각해서 사과를 먹어야 한다는 데서 유래한 표현인 것으로 보
인다. 우리말의 '울며 겨자 먹기'와 거의 일맥상통하는 표현으로 누군가는
해야 하기 때문에 총대를 멘다는 의미로도 쓰이고 있다.

Beispiel

A: Ich weiß, dass Sie alle Weihnachten mit Ihren Familien
   verbringen wollen. Aber leider brauche ich noch
   einen Freiwilligen, der während der Feiertage mit mir
   im Büro arbeiten könnte.

   크리스마스 때 가족과 같이 보내고 싶어하시는 것 다 압니다. 하지만 안타깝게도
   크리스마스 기간 동안 저와 함께 사무실에서 일할 자원인력 1명이 필요합니다.

B: Ich werde wohl **in den sauren Apfel beißen.** Zu der
   Zeit ist meine Frau sowieso im Ausland.

   제가 총대를 메기로 하죠. 어차피 그 기간에 제 아내는 해외에 있을 것입니다.

090

etw. aus dem Ärmel schütteln

무엇을 쉽게 ✓(뚝딱) 해냅니다

팔을 흔들면 무언가가 팔(옷) 밖으로 나오는 모양을 나타내는 표현이다. 중세를 배경으로 하는 영화나 연극을 보면 상의(팔 부분)에서 전갈이나 편지 또는 돈을 꺼내는 장면을 종종 볼 수 있다. 특별히 힘을 들이지 않고 팔을 툭툭 털었을 뿐인데 이런저런 물건들이 쏟아져 나온다는 데서 유래한 표현으로, 힘 들이지 않고 즉흥적으로 무엇을 해낸다는 의미로 쓰인다.

마술사들의 팔에서 장미나 비둘기가 뚝딱 나오는 장면을 생각하면 잘 이해할 수 있다.

Beispiel

A: Wie es so aussieht hat Ihr neues Album die Rockfans und die ganze Musikwelt begeistert. Allein in Deutschland sind 3 Millionen CDs innerhalb einer Woche nach Erscheinen verkauft worden. Was sagen Sie dazu?

록 음악 팬들과 전 음악계가 이번 음반에 감명을 받은 것 같습니다. 발매 일주일 만에 300만 장이 팔렸는데요. 이에 대해 한 말씀 하신다면요?

B: Das neue Album ist nicht einfach **aus dem Ärmel geschüttelt worden** wie viele heutzutage. Wir haben ganz schön lange an diesem Album gearbeitet und wir waren fest davon überzeugt, dass es diesmal bei den Fans gut ankommen wird. Aber mit einem so großen Erfolg haben wir nicht gerechnet.

이번 앨범은 오늘날 음악 시장에 나오는 많은 앨범들처럼 그냥 뚝딱하고 만들어진 것이 아닙니다. 오랫동안 함께 작업을 했고 분명 팬들에게 좋은 반응을 얻을 것이라 확신했습니다만, 이 정도의 성공은 예상치 못했습니다.

bei jdm. an der falschen Adresse sein

번지수를 잘못 찾아오다

사람 잘못 만났어

(나한테는) 안 통해

우리말의 '번지수를 잘못 찾다' 라는 표현과 유사한 표현으로 '여기가 아닙니다' 라는 의미와 함께 '사람 잘못 보셨어요' 라는 의미로도 쓰인다.

Beispiel

A: Ich hätte gerne zwei Eintrittskarten für Studenten.
학생 입장권 2장 주세요.

B: Sie wollen eine Studentenermäßigung? Dann zeigen Sie mal Ihren Ausweis.
학생할인 받으시려고요? 그렇다면 신분증(학생증) 제시하셔야 합니다.

A: Den habe ich leider nicht dabei.
안 가져왔는데요.

B: Tut mir leid. Dann **sind** Sie **bei mir an der falschen Adresse**. Da kann ja jeder kommen!
안타깝네요. 그렇다면 저한테는 어림없습니다. 그럼 누구나 다 학생할인 받게요.

die Hölle ist los

난장판이다
아수라장이다
정신없다
열광의 도가니다

'Hölle' 는 지옥을 나타내는 명사이다. 비록 '난장판', '아수라장' 으로도 해석하지만, '열광의 도가니' 와 같이 긍정적인 의미로 쓰이는 경우도 있다.

Beispiel

Ich habe das Spiel gegen Italien live im Stadion erlebt. Nachdem Ahn in der Extraspielzeit einen Kopfball zu einem Tor verwandelte, **war** im Stadion **die Hölle los**.

이탈리아전을 경기장에서 직접 관람했어. 안(정환)이 연장전에 헤딩으로 골을 넣었을 때 경기장은 열광의 도가니가 되었지.

Hut ab vor jdm./etw.

~이(가) 존경스럽다
머리가 수그러진다

과거 누군가에게 인사를 하거나 존경을 표하고자 할 때 모자(der Hut: 중절모)
를 벗어서 인사를 한 데서 온 표현으로 '~이(가) 존경스럽다', '대단하다' 라
는 의미로 쓰는데, 반어적으로 쓰는 경우도 있다. 야구모자처럼 챙이 달린
모자는 'die Mütze' 라고 한다.

Beispiel

A: Herzlichen Glückwunsch zum Debüt!

데뷔 축하해!

B: Wie war ich heute auf der Bühne?

나 오늘 무대 위에서 어땠어?

A: Du alleine hast geglänzt. **Hut ab vor** deiner Leistung!

무대 위에서 홀로 빛나더라. 네 연기에 존경을 표한다.

B: Du willst mich wohl auf den Arm nehmen!

나 놀리는 거지?

Jacke wie Hose sein

마찬가지다

오십보백보다

거기서 거기다

이 표현은 'Das ist eins wie das andere' 라는 뜻으로, 이것이나 저것이나 똑같다는 뜻을 지니고 있다. 17세기에 생긴 표현으로 당시에는 상의와 하의를 같은 천으로 만들었다는 뜻이었다. 보기에는 다르지만 같은 천으로 만들어졌다, 즉 '마찬가지다' 라는 뜻이다.

Beispiel

A: Willst du lieber zuerst Volleyball oder Handball spielen?

먼저 배구할래 아니면 핸드볼 할래?

B: Das **ist** doch **Jacke wie Hose**.

상관없어.

---

die Jacke : 점퍼를 뜻하기도 하고, 허리까지 내려오는 상의를 총칭하기도 한다.

den Löffel abgeben

사망하다

죽으면 더 이상 먹지 못하기 때문에 '숟가락을 반납'해야 한다. 그렇다면 왜 하필 포크나 나이프가 아니고 숟가락인가? 과거 유목민이나 평민들은 숟가락을 항상 지니고 다녔는데 나이프의 경우는 무기가 될 수 있기 때문에 들고 다닐 수 없었고 포크는 근대에 들어서 사용이 활성화되었다. 또한 평민들이 주로 먹는 음식이 숟가락이 필요한 국 또는 죽 종류였기 때문이다. 숟가락은 그 사람을 나타내는 상징으로 쓰이기도 했다. 은수저가 식탁에서 떨어지면 친척 중에 누군가 곧 죽는다는 미신도 있다. 우리말에서도 사람이 늘었다는 의미의 '숟가락이 늘었다' 라는 표현이 있듯이 숟가락이 사람을 나타내는 상징으로 쓰이기도 한다.

또 독일 흑림(Schwarzwald) 지역에서는 숟가락을 개인 소유물로 보고 사람이 죽으면 숟가락을 물려주지 않고 집 벽에 걸어놓는 풍습이 있었다고 한다.

Beispiel

A: Wohnt die nervige alte Oma immer noch neben dir?

   아직도 그 성가신 할머니 너희 집 옆에 사니?

B: Nee, die hat letztes Jahr ihren **Löffel abgegeben**.

   아니, 작년에 돌아가셨어. (거친 표현으로)

'사망하다'의 좀 더 점잖은 표현으로 'die ewige Ruhe finden'(영원한 평화[고요함]를 찾다 / 영원히 잠들다 / 영면하다)라는 표현이 있다. 그 외 'zugrunde gehen', 'ins Gras beissen', 'verrecken' 등도 누군가가 사망했을 때 쓰는 표현이다.

dalli, dalli

빨리 빨리

어서 어서

독일은 동쪽으로 폴란드와 국경을 접하고 있다. 이 표현은 폴란드어로 '전진'이라는 단어 'dalej (vorwärts)'에서 온 표현으로 무엇인가를 빨리 하자 거나 하라고 얘기할 때 'dalli, dalli'라고 말한다. 우리말의 '빨리빨리'와 어 감이 비슷해서 기억하기 쉬운 표현이다.

Beispiel

A: Was soll ich anziehen, das rote Kleid oder das grüne?

붉은색 아니면 연두색 드레스 중 어떤 거 입을까?

B: Egal. Du siehst sowieso hübsch aus.

상관없어. 이래도 저래도 예뻐.

A: Ok. Dann trage ich einfach das rote Kleid.

알았어. 그렇다면 그냥 붉은색으로 입지.

B: Welche Schuhe würden dann zum roten Kleid passen?

붉은색 옷에는 어떤 신발이 어울릴까?

A: Die neuen sind doch schön, aber wann bist du denn endlich fertig?

새 신발이 예쁘긴 한데 너 도대체 언제 준비가 끝나니?

B: Ja, ja, ja, ich komm schon.

알았어. 알았어. 이제 가잖아.

A: **Dalli, dalli**, Oskar wartet schon eine Ewigkeit* auf uns.

어서 어서와. 오스카(상)가 한참 기다리고 있잖아.

> * 'die Ewigkeit'는 '영원함'이라는 뜻이다. 지루하게 장시간을 기다리거나 어떤 일이 장시간 걸릴 경우 비꼬는 투로 "Ich warte eine Ewigkeit.", "Das dauert eine Ewigkeit."라고 한다. 형용사 형태인 'ewig'를 통해서도 같은 표현을 할 수 있다. "Ich warte schon ewig.", "Das dauert ja ewig."

ein Dauerbrenner

장기적인 성공

스테디 셀러

(토론에서) 항상 언급되는 이슈

연극이나 영화가 장기간 공연 또는 상영되는 경우 'Es ist ein (echter) Dauerbrenner.' 라고 한다. 'Dauerbrenner'는 원래 연탄 등을 이용하여 장시간 피울 수 있는 난로를 나타낸다.

Beispiel - 1

Die Lieder von den Beatles sind immer noch **ein Dauerbrenner** in dieser Kneipe.

비틀즈의 곡들은 이 주점에서 아직도 꾸준히 들을 수 있다.

Beispiel - 2

Obwohl Michael Jackson schon tot ist, sind seine Lieder **ein Dauerbrenner** weltweit.

마이클 잭슨은 이미 사망했지만 전세계적으로 그의 곡들은 여전히 스테디셀러다.

auf großem Fuß leben

폼 나게 살다
사치스럽게 살다

중세에 귀족들이 자신의 품위를 나타내고자 앞이 뾰족한 긴 신발을 신었다는 데서 유래한 표현이다. 폼 나는 삶, 사치스러운 삶을 사는 것을 나타내는 표현이다.

Beispiel

A: Wieso willst du ein Rockstar werden?
왜 록스타가 되고 싶은 거야?

B: Weil ich auf Rock stehe.
록을 좋아하니까.

A: Und gibt es noch andere Gründe?
그리고 다른 이유도 있어?

B: Die Rockstars **leben** ja alle **auf großem Fuß**.
록스타들 전부 폼 나게 살잖아.

A: Was meinst du damit?
폼 나게 살다니?

B: Ja, sie leben alle in großen Häusern, haben dicke Autos und sind von hübschen Mädchen umgeben.
다들 큰 집에 살고 멋진 차에 예쁜 여자들로 둘러싸여 있잖아.

> 비슷한 표현 : in Saus und Braus leben
> 'sausen'과 'brausen'은 바닷바람과 파도 소리를 묘사하는 동사이다. 바닷바람 소리는 날씨에 따라 꽤나 시끄러울 수 있다. 이러한 뜻이 전이되어 파티 등에 참가한 손님들이 음식과 마실 것이 넘쳐나 시끌벅적 즐기는 광경을 나타낸다. 흥청망청 사치스럽게 사는 것을 묘사할 때 쓰이는 표현이다.

keinen Deut wert sein

전혀 가치가 없다

귀한 물건이 아니다

'Deut'는 네덜란드어로 'Duit'라고 하는데 14~18세기에 사용된 동전이다. 처음에는 은으로 주조되었으나, 후에 은 대신 값싼 금속으로 대체되었다. 'keinen Deut wert sein'이라고 하면 어떤 일이나 물건이 사소하거나 가치가 없다는 의미다.

Beispiel

A: Sabine, ich muss dir was sagen.

사비네. 너한테 할말 있어.

B: Was denn?

무슨 일인데?

A: Die Nähmaschine, die du mir ausgeliehen hast, ist kaputt. Ich habe nach dem gleichen Modell gesucht, aber die werden nicht mehr hergestellt. Ich würde dir gerne Geld als Entschädigung geben. Aber ich weiß nicht wieviel.

네가 빌려준 재봉틀이 고장 났어. 똑같은 모델을 찾아봤는데 더는 생산을 안 한다고 하더라. 돈으로 보상하고 싶은데 얼마를 줘야 할지 모르겠어.

B: Vergiss es. Das ist ein altes Ding und außerdem **ist es keinen Deut** mehr **wert**. Du lädst mich mal zum Kaffee ein.

그냥 잊어버려. 그거 되게 오래된 거고 전혀 귀한 물건도 아니야. 그냥 다음에 커피 한 잔 사줘.

A: Danke, dann bin ich erleichtert.

고마워. 그렇다니 이제 안심되네.

100

Drahtzieher

브레인

막후 인물

실질적인 힘을 가지고 뒤에서 조정하는 사람

'der Draht'는 철사, 와이어, 선을 나타내는 명사로 'Drahtzieher'라고 하면 마리오네트 인형을 다루는 사람을 지칭한다. 'Drahtzieher'는 은유적으로 뒤에서 누군가를 조정하는 사람, 배후 인물, 보이지 않는 실세를 나타낼 때도 종종 쓰인다.

Beispiel

A: Habt ihr den **Drahtzieher** des Drogendeals schon gefunden?

마약 거래 건의 두목을 찾았어?

B: Nein, er hat nur seine Handlanger geschickt.

아니, 졸개들만 보내왔어.

lange/spitze Ohren machen

귀를 쫑긋 세워 엿듣다

우리말의 '귀를 쫑긋 세우다'와 일맥상통하는 표현이다.

Beispiel

A: Bitte, kannst du nicht ein bisschen leiser reden?

좀 작은 목소리로 얘기해 주면 안되겠니?

B: Wieso denn?

왜?

A: Die neben uns **machen lange Ohren**.

우리 옆에 있는 사람들이 귀를 쫑긋 세워 엿듣고 있어.

gang und gäbe

관습적인
관행적인

'진행되고(gang) 주어진(gäbe)', 즉 '관습적인'이라는 뜻을 지닌 표현이다. 인터넷을 보면 독일 사람들조차 대문자로 표기를 하거나 'gäbe' 대신 'gebe'라고 잘못 쓰는 경우가 많은데 'gang und gäbe'가 옳은 표기다.

Beispiel - 1

Staatsverschuldungen sind **gang und gäbe**.
국가 부채는 관행적인 것이다.

Beispiel - 2

Diese Vorgehensweise ist **gang und gäbe**.
이런 절차는 관행이다.

비슷한 표현 : allgemein üblich und verbreitet

eine Gänsehaut kriegen/bekommen

소름이 돋다

추워서, 무서워서 또는 너무 감동적이어서 소름이 돋는다는 상황을 표현할 때 쓴다. 'Gänsehaut'는 직역하면 '거위 껍데기'다. 우리가 흔히 쓰는 표현 중에 '닭살이 돋는다'는 표현과 같은 의미로 쓰인다고 보면 된다.

Beispiel

A: Was ist dein Lieblingslied?

제일 좋아하는 노래가 뭐야? (너의 18번이 뭐야?)

B: Die Filmmusik von Titanic 'My heart will go on'. Jedesmal wenn ich es höre, **bekomme** ich **eine Gänsehaut**.

타이타닉의 영화음악 'My heart will go on'. 들을 때마다 소름이 돋을 정도로 감동적이야.

104

das ist (doch) die Höhe

그렇게 뻔뻔할 수가!
갈 데까지 가는군!

'이거 정말 너무하는구만', '갈 데까지 갔군' 정도로 해석할 수 있는 표현이다.

Beispiel

A: Die Polizisten haben die Straßen gesperrt und jeder, der durch will, soll sorgfältig kontrolliert werden.
경찰들이 거리를 폐쇄하고 통과하고자 하는 사람들은 정밀 수색한대.

B: Warum das denn?
왜 그러는데?

A: Wegen einer Demo.
데모 때문에.

B: **Das ist doch die Höhe!**
정말 너무 하는구먼.

비슷한 표현 : Das ist eine Unverschämtheit.

im alten Gleis

예전과 같이

관례대로

'Gleis'는 기차 선로를 뜻하는 단어다. 기차는 선로를 따라 달린다. 따라서 'unverändert weitergehen', 즉 기존에 하던 대로 변화 없이 진행된다는 의미를 지닌 표현이다.

Beispiel

A: Ich habe gehört, dass es bei euch in der Firma mittlerweile ein paar Änderungen im Personalwesen gegeben hat.

너네 회사 인사 부문에 변동이 있었다고 들었는데.

B: Ja, es gab zwar ein paar Änderungen im Vorstand, aber in der Firma hat sich nichts geändert.
Der neue Vorstand sprach zwar von Innovation und Lohnerhöhung, aber davon ist bisher nichts zu spüren.
Alles läuft wieder **im alten Gleis**.

경영진에 약간의 변동이 있었지만 회사에는 전혀 변화가 없어.
새로운 경영진이 혁신과 임금인상에 대해 이야기했지만 아직 어떤 낌새도 보이지 않아. 예전과 똑같아.

am grünen Tisch

탁상공론으로
이론적으로

'녹색보로 덮인 협상 테이블(grünen Tisch)'에서 유래한 표현으로 실제 경험이 아니라 탁상공론에 그치고 있다는 의미로 주로 쓰인다.

Beispiel

Die neue Gesundheitsreform wird nur **am grünen Tisch** besprochen. Bis sie umgesetzt wird, kann es noch mehrere Jahre dauern.

새로운 보건분야 개혁은 탁상공론에 그치고 있습니다. 새로운 제도가 시행되기까지는 아마도 아직 몇 해가 더 지나야 될 것으로 보입니다.

eine Ente (Zeitungsente)

날조된 기사
(근거 없는) 잘못된 기사

'die Ente (오리)'와는 전혀 무관한 표현이다. 확인되지 않은 기사에 대해서 영어 약자로 'N.T. (not testified)'라고 썼던 것이, N.T.를 독일어 식으로 [엔테] 라고 발음해 생긴 표현이다.

Beispiel

A: Hast du die neue Nachricht von Britney Spears gehört?

브리트니 스피어스 소식 들었어?

B: Ja ich habe den Bericht in der Klatschpresse gelesen. Aber es soll wieder mal **eine Ente** sein.

타블로이드지에서 봤는데 이번에도 근거 없는 기사라고 하더라.

jdm. auf den Fuß/die Füße treten

훈계하다

마음에 상처를 주다

독촉하다

군대에서 상관이 졸병의 발을 툭툭 차면서 훈계를 하거나 무슨 일을 빨리 하라고 독촉하는 모양을 생각하면 이해하기 쉽다. 당하는 쪽에서는 마음에 상처를 받을 수 있기 때문에 '마음에 상처를 주다' 라는 뜻으로도 쓰인다.

Beispiel

A: Ich kann mit Klaudia nicht mehr arbeiten.

클라우디아랑 더 이상 일 못하겠어요.

B: Wieso denn nicht?

뭐 때문에?

A: Sie ist so egoistisch und hat immer etwas zu meckern.

너무 이기적이고 맨날 투덜거리거든요.

B: Das ist aber eigenartig, denn dasselbe hat sie mir von dir erzählt.

정말 희한하네. 클라우디아도 너에 대해 똑같은 말을 했거든.

A: Was? Unglaublich!

네? 어이없네요.

B: Für mich seid ihr beide die Besten in unserem Team. Ihr zeigt immer Topleistungen. Ich hoffe, dass ihr euch besser verträgt und richtig zusammenarbeitet, anstatt euch gegenseitig **auf die Füße** zu **treten**.

너희 둘 다 우리팀의 최고의 팀원이야. 항상 최고의 성과를 보여주지. 더 이상 서로를 헐뜯지 말고, 얼른 화해하고 제대로 같이 일했으면 좋겠어.

(mit jdm) Fraktur reden

정확하게 자신의 의견을 말하다
똑똑히 말하다

16세기에 생겨난 독일의 고딕체를 'Fraktur (Frakturschrift)' 라고 한다. 당시 대부분의 책은 고딕체로 인쇄되었기 때문에 글을 아는 사람이라면 읽는 데 어려움이 없었을 것이다. 따라서 'Fraktur reden (고딕체로 말하다)' 이라고 하면 '오해할 소지 없이 분명하게 말하다' 라는 뜻이다.

Beispiel - 1

Bitte rede doch nicht so drum herum. Kannst du nicht bitte **Fraktur reden**?

제발 좀 빙빙 돌려 이야기하지마. 그냥 정확하게 말해줘.

Beispiel - 2

Mit deiner Sekretärin solltest du mal **Fraktur reden**. Die ist fast immer patzig am Telefon.

네 비서한테 좀 똑똑히 일러주는 게 좋겠어. 전화를 항상 불친절하게 받아.

비슷한 표현 : mit jdm. Klartext reden / mit jdm. Deutsch reden
중세에 식자층 사이에서는 라틴어를 구사했는데 독일어는 모두가 알아듣기 편한 언어라는 데서 온 표현이다.

wilde Ehe

동거

혼인 외 동거

오늘날 유럽에서는 혼인 외 동거가 흔한 가족 형태가 되었지만 1960~1970년대까지만 해도 특히 지방에 사는 사람들에게는 쉽게 납득이 가지 않는 일이었다. 결혼을 하지 않은 채 동거하는 이들이 늘어난 것은 전쟁 때문이다. 전쟁 이후 과부들은 나라의 지원금을 받을 수 있었는데 재혼을 할 경우 지원금을 더 이상 받을 수 없었다. 그리고 간혹 전장에 나간 남편의 생사가 불투명하여 이러한 형태의 동거가 늘어나게 되었다. 'wilde Ehe'는 정식 혼인이 아닌 '야생의 또는 거친(wild) 혼인 상태'라는 뜻으로, 정식 혼인 없이 같이 사는 사람들을 묘사하는 표현으로 자리잡게 되었고 오늘날은 주로 농담조로 사용한다.

Beispiel

A: Sind deine Nachbarn verheiratet?

옆에 사는 사람들 결혼한 사이야?

B: Nein, sie leben in **wilder Ehe**.

아니야, 동거하고 있어.

für lau arbeiten
für Gotteslohn arbeiten

돈을 받지 않고 일하다

'für lau arbeiten' 의 lau는 'ohne (~없이)' 라는 뜻을 지니고 있는 이디시어 'belo' 에서 유래한 표현이다. 'belo' 를 은어인 'lo' 로 쓰다가 지금의 'lau' 로 변모한 것이다.

'신이 주는 월급(Gotteslohn)' 은 돈과 같은 물질적인 형태를 띠는 것이 아니고 구원, 천국행 등 추상적인 형태의 'Lohn (급여)' 을 뜻하기 때문에 사람이 주는 급여를 받는 대신 신이 주는 급여의 대가로 일한다는 것은 돈을 받지 않고 무료로 일하거나 봉사하는 경우를 말한다.

Beispiel

A: Wieviel bekommst du für deine Arbeit im Altersheim?
   양로원에서 일하는 데 얼마 벌어?

B: Ich **arbeite** dort als freiwilliger Helfer, **für lau** natürlich.
   그냥 자원봉사야. 돈 안 받고 해.

arm wie eine Kirchenmaus

몹시 궁핍하다

찢어지게 가난하다

과거 독일의 교회에는 오늘날 한국의 교회에서 쉽게 찾아볼 수 있는 식당이 없었다. 그렇기 때문에 교회에 서식하는 쥐는 그만큼 먹을 것이 없고 매우 궁핍하게 생활했을 거라고 생각했던 모양이다. 주로 농담조로 매우 가난하게 산다고 할 때 쓰이는 표현이다.

Beispiel

A: Ich sehe, du hast einen neuen Lautsprecher gekauft. Der sieht aber furchtbar teuer aus.

보자 하니 스피커를 하나 새로 장만했구먼. 엄청 비싸 보이는데.

B: Nicht nur der Lautsprecher ist neu, sondern auch die ganze Anlage. Es hat mich ein Vermögen gekostet. Deswegen bin ich jetzt **arm wie eine Kirchenmaus**.

스피커뿐만 아니라, 죄다 새 거야. 한 재산 날렸지. 그래서 지금 빈털터리야.

mit seinem Latein am Ende sein

더 이상은 모른다

해결책을 모른다

라틴어는 중세 때 식자들의 언어였고 따라서 'Latein'이라는 단어 자체가 '학문'이라는 뜻으로도 쓰이기도 했다. 'mit seinem Latein am Ende sein (자신의 라틴어/지식의 한계에 도달했다)'이라고 하면 '더 이상은 모른다'라는 뜻이다.

Beispiel

A: Ich habe gehört, dass das neu entwickelte Programm nicht reibungslos funktioniert. Woran liegt es denn?

새로 개발된 프로그램이 제대로 작동하지 않는다고 들었는데 어디에 원인이 있는 거야?

B: Das würde ich auch gerne wissen. Ich glaube, ich **bin mit meinem Latein am Ende**. Dieses Programm hat zu viele Defekte, mit denen wir nicht klar kommen.

나도 좀 알았으면 좋겠어. 내 지식으로는 무리인 것 같아. 이 프로그램은 우리가 해결할 수 없는 너무 많은 결함을 가지고 있어.

비슷한 표현 : ratlos sein

Schlange stehen

줄 서다
장사진을 이루다

인기 있는 공연의 표를 구입하거나 물건을 사고자 할 때 사람들이 길게 줄을 서게 되는데 이 모양이 멀리서 보면 뱀과 흡사하다고 해서 생겨난 표현이다. 뱀처럼 긴 줄을 설 정도로 사람이 많다는 의미다.

Beispiel

A: Weißt du schon, was du am ersten Januar machen willst?
1월 1일에 뭐 할지 생각해봤어?

B: Nein, noch nicht. Mal sehen. Aber wieso fragst du?
아니 아직 몰라. 두고 보지 뭐. 그런데 왜 물어봐?

A: Ich habe nämlich zwei Eintrittskarten für das Neujahrskonzert. Und wenn du Lust hättest, würde ich gerne mit dir gehen.
나 신년음악회 티켓이 두 장이 있거든. 생각 있으면 같이 가고 싶은데.

B: Die habe ich auf jeden Fall. Wahnsinn! Wie hast du die Tickets gekriegt?
당연히 생각 있지. 와, 대단해! 표는 어떻게 구했어?

A: Ich habe 3 Stunden **Schlange gestanden**.
3시간 동안 줄 섰어.

jdn. in Ruhe lassen

내버려 두다

귀찮게 하지 않는다

'die Ruhe'는 '고요', '휴식', '평화' 등의 뜻을 지니고 있다. 따라서 'jdn. in Ruhe lassen'은 '누구를 귀찮게 하지 않는다' 라는 뜻이다.

Beispiel

A: Schatz*, bist du sauer** auf mich?

자기야, 나한테 화냈어?

B: Nein.

아니.

A: Seit gestern redest du kein Wort mit mir.

어제부터 나하고 말 한마디도 하지 않고 있잖아.

B: Kannst du mir einen Gefallen tun***?

내 부탁 하나 들어줄래?

A: Ja, natürlich. Welchen?

응, 물론이지. 어떤 부탁?

B: Bitte **lass mich in Ruhe**.

제발 날 좀 그냥 내버려둬.

* Schatz : 원래 보물을 뜻하지만 애인을 지칭할 때 많이 쓴다.
** sauer sein 표현 참고. auf jdm. sauer sein : 누구에게 화났다
*** jdm. einen Gefallen tun : 누구의 부탁을 들어주다

Das ist Spitze! / jmd. ist Spitze

최고야

캡이야

짱이야

'die Spitze'는 '꼭대기', '산정상(Gipfel)'을 뜻하는 단어다. 구어체에서 'Das ist super.', 'Das ist toll.'과 함께 자주 사용하는 표현이다. 사람에게 '네가 최고야' 라고 할 때는 'Du bist Spitze.' 라고 한다.

Beispiel

A: Ich habe endlich ein Studio gefunden, wo wir unsere Lieder aufnehmen könnten.

우리 곡들을 녹음할 만한 스튜디오를 찾았어.

B: Super! Wo ist das Studio?

잘 됐다. 어디에 있는데?

A: Ein bisschen außerhalb, aber **das** Studio **ist** echt **Spitze**. Es hat tolle Anlagen und ist viel preiswerter als die im Zentrum.

도심과는 조금 떨어져 있는데 스튜디오는 정말 최고야. 최상의 시설을 갖추고 있고 도심보다 가격도 저렴해.

am Ruder sein

주도하다
결정권을 가지고 있다
권력을 장악하다

'das Ruder'는 배의 노를 나타내는 명사이다. 노를 젓는 위치에 있다는 것은 배가 가는 방향을 결정하고 배를 좌지우지할 수 있는 위치에 있다는 것을 말한다. 즉 '결정권을 가지고 있다' 또는 '어떤 상황을 주도한다' 라고 할 때 쓰는 표현이다.

Beispiel

Der italienische Regierungsschef **ist** immer noch **am Ruder** seines Medienkonzerns und hat daher neben seinen Amtaufgaben viel zu tun.

이탈리아의 정부 수반은 자신의 언론기업에 대한 권력을 가지고 있어서 공무 수행 외에도 할 일이 많다.

비슷한 표현 : das Ruder steuern / Steuer lenken

aus aller Welt

전세계로부터

도처에서

이 표현은 독일어만 유심히 봐도 뜻의 유추가 가능한 표현이다. '전세계에'를 뜻하는 'überall auf der Welt (Erde)'라는 표현과 구분해서 기억해 두자.

Beispiel - 1

Sehr geehrte Damen und Herren, Delegationen **aus aller Welt**. Es ist mir eine große Ehre vor Ihnen sprechen zu dürfen.

신사숙녀 여러분. 전세계에서 오신 사절단 여러분. 여러분 앞에서 연설을 하게 되어 크나큰 영광입니다.

Beispiel - 2

Immer mehr Studenten **aus aller Welt** bewerben sich um eine Zulassung an einer deutschen Universität.

전세계에서 점점 더 많은 학생들이 독일 대학 입학 허가를 받기 위해 지원하고 있다.

> 'was/wer/warum in aller Welt'라고 하면 영어의 'what in the world', 'who in the world', 'why in the world'처럼 '세상에 (도대체) 무엇이/누가/왜'라는 뜻이 된다.
> 예) Was in aller Welt ist passiert? 도대체 무슨 일이 일어난 거야?

die Engel singen hören

지독하게 아프다
죽도록 아프다

천사들이 노래 부르는 게 들린다고 해서 '아름다운 음성이 들린다' 와 같은 의미는 아니다. 기독교 신앙에서는 죽음 후에 천국으로 간다고 믿고 있고, 천국에는 노래하는 천사들이 있다는 묘사가 종종 나오곤 한다. 따라서 천사의 목소리가 들린다는 것은 '죽을 것 같이 아프다' 라는 의미로 쓰인다.

Beispiel

A: Wo warst du denn heute morgen?

오늘 아침 어디 갔다 왔어?

B: Beim Zahnarzt. Ich habe die ganze Nacht nicht geschlafen vor Zahnschmerzen und manchmal glaubte ich, **die Engel singen** zu **hören**.

치과에 갔다 왔어. 밤새 이가 아파서 잠을 못 잤어. 가끔 너무 아파 정말 죽는 줄 알았어.

Daumen/Däumchen drehen

할 일 없이 가만히 있다

심심해하다

엄지를 나타내는 독일어 명사 'der Daum' 의 복수형이 'die Daumen' 이다.
'Däumchen' 은 'Daum' 의 축소형이다.

'손을 깍지 낀 채 엄지를 빙빙 돌린다' 는 뜻으로, 심심해하는 모양을 나타
낸다.

Beispiel - 1

A: Erika, um wieviel Uhr kommen denn deine
Großeltern?

에리카, 너희 조부모님들 언제 오셔?

B: Gegen sieben Uhr. Bis dahin haben wir eine Menge
zu tun. Wir müssen einkaufen, Essen vorbereiten, die
Kinder abholen und die Zimmer aufräumen. Willst du
noch weiter auf dem Sofa **Däumchen drehen**, oder
endlich anfangen, mir zu helfen?

일곱시쯤. 그때까지는 우리 할 일이 많아. 장 보고, 식사 준비하고, 애들 데려 오고,
방도 치워야 하고. 계속 소파에 앉아서 가만히 있을 거야. 아니면 나 도와줄 거야?

Beispiel - 2

A: Was macht denn dein Bruder zur Zeit?

네 형(동생/오빠) 요즘 뭐해?

B: Er **dreht Däumchen**, weil er keine Arbeit findet.

일자리 못 구해서 그냥 빈둥거리고 있어.

böhmische Dörfer

전혀 모르는 것

보헤미아 지방의 마을 이름은 체코어로 되어 있었는데 독일 사람들에게 체코어를 이해하고 발음을 제대로 하기란 여간 어려운 것이 아니었다. 따라서 'Für mich sind das böhmische Dörfer (나한테는 보헤미아 마을이야)' 라고 하면 '전혀 모른다' 는 의미이다.

Beispiel

A: Muss ich das ganze hier anhören?

이거 끝까지 들어야 해?

B: Wieso findest du das etwa nicht interessant?

왜 이게 재미없다는 거지?

A: Weil ich überhaupt nicht verstehe, wovon er redet. Für mich sind das alles **böhmische Dörfer**.

말하는 거 하나도 못 알아듣겠어. 내가 전혀 모르는 분야야.

heilige Kuh

신성한 것
신성불가침의 것
매우 중요한 것

힌두교에서는 소를 신성시하고 있고, 축산농가에도 소는 매우 귀중한 재산이다. '함부로 다뤄서는 안 되는 것' 또는 '떠받들어야 하는 것'을 나타낼 때 쓰는 표현이다.

Beispiel

A: Seit wann hast du denn deinen Mercedes?

　　벤츠는 언제부터 타고 다닌 거야?

B: Ich habe ihn vor 2 Jahren gekauft.

　　2년 전에 샀어.

A: Er sieht aber viel älter aus.

　　훨씬 오래돼 보인다.

B: Naja, ich putze ihn nicht jeden Tag. Für mich ist das Auto keine **heilige Kuh**.

　　음, 차를 매일 닦지는 않아. 나한테 차는 그냥 차일 뿐이야.

jds. Ein und Alles sein

누구의 모든 것이다

누구의 전부다

직역하자면 '누구의 하나이자 전부이다' 라는 뜻이다. 한마디로 누군가에게 매우 중요하거나 소중한 것, 또는 사람이라는 뜻을 지니고 있다.

Beispiel - 1

Meine Tochter **ist mein Ein und Alles**.

내 딸이 내 (인생의) 전부다.

Beispiel - 2

Musik **war** schon immer **mein Ein und Alles**.

음악은 언제나 나의 전부였다.

viel Lärm um nichts

소득 없이 시끌벅적하다

아무런 결과 없이 소란스럽다

말뿐이다

'Viel Lärm um nichts (Much Ado about Nothing)'는 셰익스피어의 희곡 작품 제목이기도 하다. 어떤 일이 매우 중요한 것으로 여겨져 시끌벅적하게 다루어졌으나 구체적인 결과가 나타나지 않을 경우 쓰이는 표현이다. 종종 어떤 일에 대해 논쟁 등이 불필요하게 불거졌을 때도 쓰인다. 많은 경우 신문기사 제목에 의문문의 형태로 등장한다. "Viel Lärm um nichts?"

Beispiel - 1

Im Parlament wird öfters **viel Lärm um nichts** gemacht.

의회에서는 종종 소득 없는 논쟁이 진행된다.

Beispiel - 2

Viel Lärm um nichts? - Nordkorea hat nicht wie befürchtet auf das gemeinsame Seemanöver von Südkorea und den USA reagiert.

말뿐이었나? 한국과 미국의 공동 해상 훈련에 대해 우리가 우려한 북한측의 대응은 없었다.

비슷한 표현 : Große Klappe nichts dahinter

bis in die Puppen

장시간 동안

프리드리히 2세는 베를린 티어가르텐 한가운데에 신들의 동상을 세웠다. 당시 베를린 사람들은 이 동상을 폄하하여 '왕의 인형들'이라고 불렀다고 한다. 베를린 시 중심에서 동상이 있는 곳까지 대략 2~3km였는데 산책 코스로 인기가 있었다고 한다. 장시간 걸어야 도착 할 수 있는 거리여서 'bis in die Puppen (인형이 있는 곳 까지)'이 '장시간 동안'이라는 의미로 쓰이게 되었다.

Beispiel

A: Herzlichen Glückwunsch, dass du endlich deinen Führerschein hast.

면허증 딴 거 축하해.

B: Danke. Lasst uns heute Abend etwas trinken gehen.

고마워. 오늘 한잔 하러 가자.

C: Prima Idee. Aber morgen habe ich eine Prüfung. Da kann ich nicht **bis in die Puppen** aufbleiben.

좋은 생각이야. 그런데 내일 시험이 있어서 늦게까지는 못 놀아.

B: Aber ein Stündchen wirst du doch wohl Zeit haben!

그래도 한 시간 정도는 시간 있겠지.

C: Na klar.

그럼. 당연하지.

eine lahme Ente

느림보

레임덕

'뒤뚱거리며 느릿느릿하다', '반응이 늦어서 답답하다' 등을 말하고자 할
때 쓰는 표현이다. 또한 영어의 'Lame Duck'을 그대로 차용하여 번역한
표현으로서 공직자의 임기 말 권력 누수 현상을 일컫는 말이다. 임기 만료
를 앞둔 공직자의 통치력 저하를 뒤뚱거리는 '절름발이 오리'에 비유한 표
현이다.

Beispiel - 1

Was ist das denn für **eine lahme Ente** da vorne? Kann er
nicht endlich mal weiterfahren?

앞에(앞차) 왜 이렇게 느릿느릿해? 이제 출발 좀 하지.

Beispiel - 2

Was ist das denn für **eine lahme Ente** in der linken
Außenverteidigung. Der kriegt ja keinen Ball!

왼쪽 풀백 왜 이리 느려. 공을 한 번도 제대로 못 쫓아가잖아.

Beispiel - 3

Der Präsident wird zu **einer lahmen Ente**. Es wird
vorausgesehen, dass kaum einer seiner Vorschläge
angenommen wird.

레임덕의 영향으로 대통령의 제안이 거의 받아들여지지 않을 것으로 보인다.

das Eis brechen

아이스 브레이킹

서먹서먹함 없애기

얼음 깨기

영어의 'ice breaking'을 그대로 받아들여 독일어로 바꾼 표현이다. 한국에서도 요즘 기업이나 대학의 오리엔테이션 또는 각종 교육 프로그램의 일정에 자기 소개와 간단한 게임 등을 통해서 서먹서먹함을 없애는 아이스 브레이킹 시간을 따로 두는 것이 유행처럼 되었다. 'das Eis brechen'은 긴장되고 서먹서먹한 분위기를 없애는 것을 뜻한다.

Beispiel - 1

Ein bisschen Smalltalk und ein kleines Lächeln können **das Eis brechen**.

간단한 대화와 미소로 서먹함을 없앨 수 있다.

Beispiel - 2

Auf einer Auslandsreise genügt es oft, einige wichtige Ausdrücke in der einheimischen Sprache zu kennen, um **das Eis** mit den Einheimischen zu **brechen**.

해외여행 시 몇 가지 중요한 현지 외국어 표현을 아는 것만으로도 현지인과의 서먹서먹함을 없앨 수 있다.

128

Kult sein

(특정 계층 사이에서) 유행이다/인기이다
컬트다

구어체에서 'Kult'는 보편적으로 모든 사람들이 좋아해 크게 유행하는 것을 나타내는 것이 아니라, 특정 계층에게 인기이거나 마니아층이 있는 음악, 록밴드, TV 프로그램, 스포츠 팀 그리고 의류 브랜드에 대해서 쓴다. 'Kult'라는 개념은 마케팅 차원에서 많이 사용되기도 한다. 'Porsche 911'는 스포티하면서 고급스러운 느낌을 추구하는 장년층을, 'Orangina (병이 예쁜 오렌지 맛 음료)'는 음료수를 마시면서도 병의 디자인에 신경을 쓰는 계층을 대상으로 성공적인 마케팅을 펼쳐 'Kult' 이미지를 이어가고 있다.

Beispiel

Während digitale Kameras im Markt vorherrschend sind, entsteht ein Nischenmarkt für alte Analog-Kameras. Film- und Polaroid- Kameras **werden** zum **Kult**.

디지털 카메라가 시장을 지배하고 있는 한편 아날로그 카메라를 위한 틈새 시장이 형성되고 있다. 필름카메라와 폴라로이드 카메라가 컬트로 부각되고 있다.

im Eimer sein

망가지다

끝장이다

말짱 도루묵이다

'Mülleimer (쓰레기통)'를 줄여 'der Eimer (통/쓰레기통)'라고도 한다. 'im Eimer sein (쓰레기통에 있다)'이라고 하면 '어떤 일 또는 물건이 더는 회복할 수 없는 상태가 되다', 즉 '더는 전망이 없다'라는 의미이다.

Beispiel

A: Was machst du im Urlaub? Fliegst du wieder irgendwohin?

휴가 기간 동안 뭐하니? 또 어디로 놀러 가?

B: Das hatte ich vor. Ich wollte mit meinem Mann nach Mallorca fliegen. Aber er hatte kürzlich einen Autounfall und liegt im Krankenhaus.

그렇게 하려고 했지. 남편과 함께 마요르카로 놀러 가려고 했어. 그런데 남편이 얼마 전 자동차 사고가 나서 지금 병원 신세를 지고 있어.

A: Deine Urlaubspläne **sind** dann wohl **im Eimer**.

그럼 휴가 계획이 말짱 도루묵이 됐네.

Haus und Hof

전재산

'Haus und Hof (집과 마당)'는 'jds. ganzes Vermögen (전재산)'을 의미한다.
전재산을 도박, 전쟁, 자연재해 등으로 잃는 것을 나타낼 때 자주 쓰인다.

Beispiel

A: Herr Müller hatte doch das Erbe von seinem
steinreichen* Onkel bekommen. Wieso lebt er jetzt in
so einer kleinen Wohnung?

뮐러씨는 엄청나게 부유한 삼촌의 유산을 물려받았는데 왜 지금 이렇게 작은 집에
살고 있지?

B: Er hat **Haus und Hof** in Monaco** verspielt. Selbst
Schuld.***

전재산을 모나코에서 도박으로 날렸어. 자업자득이지.

---

* steinreich : 'Stein'은 '돌'을 뜻하는 명사이다. 'Edelstein(보석)'을 줄여서
'Stein'이라고도 하는데, 'steinreich'는 보석이 많은 부자라는 의미가 된다. 반대
되는 표현으로는 'bettelarm'이 있는데 구걸할 정도로 가난하다는 뜻으로 우
리말로는 '찢어지게 가난하다' 정도로 해석할 수 있겠다.
** 모나코는 카지노로 유명하다.
*** selbst Schuld / selber Schuld : 자업자득이다

Guten Rutsch (ins neue Jahr)!

새해 복 많이 받으세요
(신년 인사)

'Guten Rutsch ins neue Jahr!' 는 독일에서 연말에 자주 듣게 되는 인사다. 'rutschen (미끄러지다, 미끄럼 타다)'이라는 동사의 명사형이 'der Rutsch'라는 것을 생각하면 이 표현을 '새해로 잘 미끄러져 가라'라는 뜻의 무난하게 새해를 맞이할 것을 기원하는 인사말로 생각할 수 있는데, 실제 어원은 '머리', '시작' 등을 뜻하는 이디시어 'Rosch'가 'Rutsch'로 쓰인 것으로 '새해 시작을 잘 하라'라는 단순한 뜻이다. 따라서 결론적으로는 그 의미와 쓰임이 같지만 독일 사람들 중에도 어원을 그냥 '미끄러지다'로 알고 있는 경우가 종종 있다.

Beispiel - 1

Frohes Fest und **guten Rutsch**!

즐거운 성탄절 되시고 새해 복 많이 받으세요.

Beispiel - 2

Frohe Weihnachten und einen **guten Rutsch ins neue Jahr**!

메리 크리스마스, 새해 복 많이 받으세요.

für die Katz sein

헛수고하다
쓸모없다

독일 북부지방 어부들이 시장에 내다 팔 가치가 없는 작은 생선을 고양이에게 던져주던 데서 생겨난 표현이라는 설이 있고, 극작가 부르크하르트 발디스(Burkard Waldis)의 이야기에서 온 표현이라는 설도 있다. 과거에 실력 좋은 대장장이가 있었다고 한다. 자기 실력에 자신이 있었던 터라 고객들에게 만족한 만큼, 즉 자신이 내고 싶은 만큼 돈을 내고 가라고 했는데 대부분의 손님들이 그냥 'Danke'라고 하면서 고맙다는 인사만 하고 돌아가기 일쑤였다. 그럴 때마다 대장간에 키우는 고양이에게 "(고맙다는 인사) 너나 가져라"라고 했다고 한다. 먹을 것 대신 감사의 인사만 잔뜩 받은 고양이는 결국 굶어 죽었다고 하는데, 여기서 'alles für die Katz (다 고양이를 위해서)'라는 표현이 '헛수고를 하다'는 의미로 쓰이기 시작했다.

Beispiel

Ich hab die Wohnung von oben bis unten geputzt und dann kamen meine Kinder vom Sandkasten. Das ganze Putzen **war für die Katz**.

집 전체를 다 청소했는데 아이들이 모래 장난을 하고 돌아왔어. 청소한 게 말짱 헛수고가 되었지.

ins Schwarze treffen

정곡을 찌르다
적중하다
정답을 맞히다

과거 활쏘기나 사격에서 표적지 중앙은 검정색이었다. 따라서 검정색 부분을 맞춘다는 것은 '정곡을 찌르다', '정답을 맞히다' 라는 뜻이다.

Beispiel

A: Ich habe den Eindruck, dass wir diesmal die richtigen Themen zum Forum ausgesucht haben.

이번 포럼의 주제를 제대로 잡은 것 같은 느낌이 오는데.

B: Ja, du hast Recht. Die Teilnehmer zeigten großes Interesse und stellten viele Fragen. Ich glaube, dass wir mit den Themen **ins Schwarze getroffen haben**.

네 말이 맞아. 참가자들이 큰 관심을 보이고 질문도 많이 했어. 이번 주제가 적중했던 것 같아.

비슷한 표현 : richtig liegen / im Recht sein

134

den Ball flach halten

조심스럽게 행동하다
불필요하게 흥분하지 않는다

축구에서 온 표현이다. '공을 바닥에 유지하다', 즉 땅볼 패스 위주로 경기를 한다는 것이 원래 뜻이지만 '조심스럽게 행동하다', '침착하게 행동하다' 라는 뜻으로 많이 쓰인다. 축구 경기를 보면 공을 띄워서 패스를 할 경우 비록 멀리까지 패스가 가능한 장점이 있지만 상대방에게 공을 빼앗기거나 패스가 제대로 연결되지 않을 위험 부담 또한 크다. 하지만 땅볼 패스는 비교적 성공률이 높다. 따라서 'den Ball flach halten'은 '조심하다', '자제하다' 라는 의미로 쓰인다.

Beispiel

A: Habt ihr eurem Sohn schon gesagt, dass ihr euch scheiden lassen wollt?

아들한테 너희 이혼한다는 이야기 벌써 했어?

B: Wir wollen erstmal **den Ball flach halten**, bis er in zwei Wochen sein Abitur hat und erzählen es ihm dann.

아들이 2주 후에 있을 고등학교 졸업 시험을 볼 때까지는 좀 자제하고, 그리고 나서 이야기하려고 해.

etw. durch die Blume sagen

간접적으로 표현하다
빙빙 돌려 말하다

직역을 하면 '꽃을 통해 무언가를 말하다'가 된다. 꽃이 마이크 모양처럼 생겨서 마이크를 통해 크게 또렷이 얘기한다고 생각했다면, 안타깝지만 정반대로 생각을 한 것이다. 이 표현은 꽃말에서 탄생했다. 장미는 '사랑', 물망초는 '나를 잊지 마세요', 개나리는 '희망' 등의 꽃말이 있는데 과거에는 꽃말을 아는 사람들끼리 꽃을 통해 메시지를 전달하기도 했다고 한다. 직접적으로 말을 하지 않고 간접적으로 표현할 경우 사용한다.

Beispiel

A: Meine Schwiegermutter in spe* hat mir **durch die Blume gesagt**, dass ihr meine Frisur nicht gefällt.

미래의 시어머니께서 내 머리스타일이 마음에 들지 않는다고 돌려 말하셨어.

B: Wieso? Was meinte sie denn?

왜? 뭐라고 했는데?

A: Sie hat mich gefragt, ob wir nicht nächste Woche mal zusammen zum Friseur gehen sollen.

다음 주에 미용실에 같이 가지 않을 건지 물어보더라.

---

* in spe : 라틴어로 'in der Hoffnung (희망 속에서)'라는 뜻을 지니고 있지만, 독일어 구어체에서는 'voraussichtlich', 'bevorstehend', 'künftig', 즉 '아직은 아니지만 곧 그렇게 될' 정도의 의미이다. 위의 예문에서처럼 'meine Schwiegermutter in spe', 즉 '미래의 시어머니'와 같은 뜻으로 쓰인다.

예) Ehefrau in spe = (곧) 부인이 될 사람
Abgeordneter in spe = (곧) 의원이 될 사람

etw. übers Knie brechen

힘으로 해결하다

허겁지겁 해치우다

번갯불에 콩 볶듯 하다

나뭇가지 등을 톱을 이용해서 자르지 않고 그냥 무릎 위에(übers Knie) 쳐서 부러뜨리게 되면, 나무야 부러지지만 길이도 일정하지 않고 울퉁불퉁해서 보기에도 좋지 않아 일을 대충한 느낌이 나게 마련이다. 이 표현은 대충(힘으로) 무슨 일을 해결할 때 쓴다. 종종 이런 저런 시도를 했지만 안 될 때 그냥 대충 해결하는 경우에도 쓰인다.

Beispiel

Das lässt sich nicht **übers Knie brechen**.

그 일은 그냥 (준비 없이) 해결되지 않아.

einen Korb bekommen *
jdm. einen Korb verpassen/geben**

*퇴짜 맞다/차이다
**퇴짜 놓다/차다

바구니에 선물과 초콜릿, 사탕 등을 받는다는 것은 분명 기분 좋은 일이다. 그러나 'einen Korb bekommen'이라는 표현은 그다지 기분 좋은 표현은 못 된다. 직역할 경우 '바구니를 받는다'는 뜻이지만 실제로는 '퇴짜 맞다', 즉 '상대방에게 거절 당하다'라는 의미이기 때문이다.

과거 중세에 남자가 여자 방에 몰래 들어갈 때, 여자의 집 창가 아래 바구니 모양의 탈것에 남자가 몸을 실으면 여자는 지레(도르래)를 이용해 바구니를 끌어올렸다고 한다. 남자가 마음에 들지 않을 경우에는 바구니 아래를 열어젖혀 남자를 바닥에 주저앉게 만드는데, 이때 떨어지는 바구니가 남자에게 안기는 모양에 빗대어 생겨난 표현이라고 한다.

Beispiel

A: Du siehst so traurig aus. Was ist passiert?

많이 슬퍼 보이는데, 무슨 일 있었어?

B: Sarah hat **mir** gestern **einen Korb verpasst**, als ich sie um ein Date gefragt habe.

사라한테 데이트 신청했는데 어제 퇴짜 맞았어.

138

rund um die Uhr

하루 종일
지속적으로
24시간

직역하면 '시계 주변을 둘러' 라는 뜻이다. '시계에 나와 있는 모든 시간에 걸쳐', 즉 '하루 종일' 이라는 뜻으로 쓰인다.

Beispiel - 1

Die Forscher sind bereit, für den Erfolg ihres Experimentes **rund um die Uhr** zu arbeiten.

연구원들은 실험의 성공을 위해 하루 종일 일할 준비가 되어있다.

Beispiel - 2

In den Geschäften in diesem Einkaufszentrum kann man **rund um die Uhr** einkaufen.

여기 쇼핑센터의 상점에서는 24시간 쇼핑이 가능하다.

von heute auf morgen

하루아침에
하룻밤 사이에
갑자기
자고 일어나니

'von heute bis morgen (오늘부터 내일까지)'과는 다른 뜻이다. 우리말 표현 '하루아침에'와 동일한 표현이다.

Beispiel - 1

Das geht nicht **von heute auf morgen.**

하루아침에 될 일이 아니야.

Beispiel - 2

Die bestehenden Probleme können nicht **von heute auf morgen** gelöst werden.

기존 문제는 하루아침에 해결되지 않아.

Beispiel - 3

Der Mangel an Fachkräften mit naturwissenschaftlichen Kenntnissen lässt sich nicht **von heute auf morgen** beheben.

자연과학 분야의 전문인력 부족 현상은 하루아침에 해결될 문제가 아니야.

비슷한 표현(단어) : über Nacht / plötzlich / schlagartig / übergangslos / schnell / blitzartig

toi, toi, toi

행운을 빌어

프랑스어를 공부한 사람이라면 'toi'를 보고 이것이 불어의 'toi[뚜와](너)'와 관련이 있는 표현이 아닐까 생각할 수도 있지만, 사실 여기서 'toi'는 침 뱉는 소리를 표현한 의성어로 우리말의 "퉤, 퉤, 퉤"에 해당한다. 과거에는 잡귀를 쫓기 위해서 세 번 침을 뱉었다고 하는데 이것이 오늘날에는 음성언어로 대체된 것이다.

Beispiel

A: Ich habe morgen ein Vorstellungsgespräch.
나 내일 면접 봐.

B: Bei welcher Firma.
어느 회사?

A: Bei McKinsey.
맥킨지.

B: Da wolltest du doch immer schon arbeiten. **Toi, toi, toi.**
네가 항상 일하고 싶어했던 곳이잖아. 행운을 빌어.

"Toi, toi, toi"에 "Danke"라고 답하면 불행이 뒤따르거나 재수가 없다고 믿는 사람들도 있다.

gegen den Strich gehen

마음에 들지 않다

기분 상하는 행동이다

성가시다

고양이를 쓰다듬을 때 거꾸로 쓰다듬으면 반듯하던 털이 쭈뼛쭈뼛 서기 때문에 고양이가 꽤나 성가셔 한다. 'gegen den Strich gehen' 라고 하면 아주 심각한 일은 아니지만 성가시고 기분 나쁜 일을 나타낼 때 쓴다.

Beispiel

A: Hast du neulich von der Spendenaktion für die Soldaten gehört?

최근 군인들을 위한 성금모금 활동에 대해서 들어봤어?

B: Nein, aber warum soll den Soldaten gespendet werden?

아니, 그런데 왜 군인들한테 성금을 보낸대?

A: Mit dem gesammelten Geld will man den Soldaten Westen schenken, damit sie den kalten Winter gut aushalten können.

모은 돈으로 군인들이 추운 겨울을 잘 보낼 수 있도록 조끼를 선물하려고 한대.

B: Das verstehe ich nicht. Sowas müsste doch aus dem Budget des Verteidigungsministeriums finanziert werden. Das **geht** mir aber echt **gegen den Strich**.

이해할 수 없네. 이런 것은 국방부 예산으로 구입해야 하는 거잖아. 정말 마음에 안 든다.

wennschon, dennschon

기왕 하는 거라면 제대로

내친 김에 제대로

기왕이면 다홍치마

'Wenn man schon etw. macht, dann soll es auch gründlich gemacht werden. (어떤 일을 하는 것 같으면 기왕에 제대로 해야 한다)'와 같은 문장을 줄여서 재미있게 표현한 것으로 보인다. 이 문장에는 'wenn'과 'dann'이 쓰였지만 어감상 'wenn'과 모음이 같도록 운을 맞춘 것으로 보인다.

Beispiel

A: Ich bin Ihnen sehr dankbar, dass Sie das ganze Buch für mich korrigiert haben. Ich wollte eigentlich nur ein paar Tips von Ihnen bekommen.

저를 위해 책 전체를 다 교정해주셔서 고맙습니다. 사실 (선생)님의 의견을 듣고 싶었던 것뿐이었습니다.

B: **Wennschon, dennschon.**

기왕 하는 거(도와주는 거) 제대로 해야지요.

kein Blatt vor den Mund nehmen

대놓고 말하다
하고 싶은 말을 하다
주저하지 않고 말하다

연극에서 온 표현이다. 희극인들은 종종 얼굴을 나뭇잎 같은 것으로 가려서 풍자극 등을 했다. 따라서 '입 앞에 잎을 대지 않고 말한다'는 것은 '대놓고 말하다', '주저하지 않고 말하다'라는 뜻이다.

부끄러운 일 등을 이야기할 때 다른 사람이 못 듣게끔 하기 위해서 입 앞에 종이 등을 대고 말을 한 데서 이 표현이 생겨났다는 설도 있다.

Beispiel

Was die Steuerreform angeht, **nimmt** der Ökonom **kein Blatt* vor den Mund**. Nach ihm soll das System radikal umgebaut werden.

세제개혁에 관해서라면 이 경제학자는 망설이지 않고 말한다. 그에 따르면 세제는 전적으로 바뀌어야 한다.

* das Blatt : '나뭇잎'이라는 뜻과 더불어 '종이'라는 뜻도 있다.

Köpfe rollen

숙청하다

해고하다

'Köpfe rollen'의 뜻을 모르고 우리말로 번역하면 자칫 '머리를 굴리다'라는 뜻으로 생각할 수도 있으나, 원래는 단두대에서 머리가 잘려 굴러다니는 형상을 은유적으로 사용한 표현이다. 숙청 또는 어떤 일이 잘못되어 그 일과 관련된 책임자들이 직위를 박탈당하거나 해고될 때 주로 쓰는 표현이다.

Beispiel

Wegen des Skandals werden im Verteitigungsministerium **Köpfe rollen**.

스캔들로 인해 국방부의 여러 자리가 교체될 것이다.

145

ein totgeborenes Kind
eine Totgeburt

가망 없는 일

출산 시 아기가 죽는 경우를 은유적으로 표현한 것으로, 어떤 계획이나 조직이 처음부터 가망성이 보이지 않을 경우에 쓴다.

Beispiel

A: Wir müssen die Sache wieder von Null anfangen. Es hat keinen Sinn bei dem ursprünglichen Plan zu bleiben.

우린 이 일을 다시 처음부터 시작해야 합니다. 기존의 계획대로 시행하는 것은 의미가 없습니다.

B: Ja, es ist zwar schade, dass wir das Ganze noch einmal wiederholen müssen, aber anders scheint es nicht zu gehen, denn das Projekt war von Anfang an **ein totgeborenes Kind**.

이 모든 과정을 반복해야 한다는 것이 안타깝지만 달리 방법이 없어 보입니다. 이 프로젝트는 처음부터 가망 없는 일이었습니다.

etw. aus dem Verkehr ziehen

유통/사용을 금지하다

직역하면 '어떤 것을 교통에서 빼다'라는 뜻을 지니고 있다. 여기서 'Verkehr'는 경우에 따라서 '교통'으로 이해할 수도 있으나 '(기존의) 흐름'이나 '질서' 또는 '시장'을 뜻한다.

Beispiel - 1

Mit der Einführung des Euro wurden die alten einheimischen Währungen wie die Deutsche Mark und der Französische Franc **aus dem Verkehr gezogen**.

유로화의 도입으로 독일 마르크, 프랑스 프랑 같은 각국 고유 화폐들의 사용이 금지되었다.

Beispiel - 2

Die verseuchten Lebensmittel waren rechtzeitig entdeckt und **aus dem Verkehr gezogen** worden.

오염된 식료품들이 제때 발견되어 유통이 금지되었다.

Beispiel - 3

Wegen der Abwrackprämie* wurden viele brauchbare Autos **aus dem Verkehr gezogen**.

중고차 폐차 후 신차를 구입하면 특혜를 주는 제도로 인해 운행 가능한 많은 차들이 폐차 처리되었다.

* Abwrackprämie : 글로벌 경제 위기 당시 독일에서 노후 된 차를 폐차하고 신차(소형차)를 구매할 때 금전적 혜택을 주었던 제도.

mit jdm. ausgehen
mit jdm. zusammen sein

~와 사귀다

~와 데이트하다

'나는 누구와 사귄다' 라는 표현을 독일어로 어떻게 할까? 이 표현을 일대일로 옮길 수 있는 독일어는 없다. 대신에 'mit jdm. ausgehen', 'mit jdm. zusammen sein' 과 같은 표현이 있다. 'mit jdm. ausgehen' 은 현재형으로 쓰였을 때 영어의 'I'm going out with~' 와 같은 표현으로 '사귀는 사이' 라는 의미를 지니고 있다. 과거나 미래형으로 쓰이면 '누구와 데이트하다' 라는 의미로 쓰이기도 한다. 'mit jdm. zusammen sein' 은 물론 지금 누군가와 함께 있다는 의미로도 쓰일 수 있겠지만 대화의 상황에 따라 '~와 사귀다' 라는 뜻으로 쓰이기도 한다.

Beispiel - 1

Ich würde gerne mal **mit ihr ausgehen**.

그 여자랑 사귀어 봤으면(데이트 해봤으면) 좋겠어.

Beispiel - 2

Wie lange **sind** die beiden schon **zusammen**?

걔들 사귄 지 얼마나 됐어?

nicht in die Tüte kommen

절대로 안 된다
사지 않다
받아들이지 않다
거부하다

'Tüte'는 '봉지', '장바구니'다. 이 표현은 아마도 손님이 가게에서 싱싱하지 않은 채소, 품질이 나쁜 상품 등을 거절할 때 'Das kommt nicht in die Tüte.' 즉 '이건 봉지에 넣어서는 안 돼요.'라고 말한 데서 '이 상품 안 삽니다.'라는 의미로 쓰이기 시작한 표현일 것이다.

Beispiel

Genprodukte **kommen** bei mir **nicht in die Tüte**.
나는 유전자 조작 식품은 절대로 사지 않는다.

비슷한 표현 : etw. kommt nicht in Frage

eine Rolle spielen *
keine Rolle spielen **

*중요하다, 상관 있다, ~역할을 하다
**중요하지 않다, 상관 없다

연극에서 온 표현이다. 'Rolle'는 등장인물들을 위한 대본을 지칭하는 'Schriftrolle'에서 온 것으로 'eine Rolle spielen'은 원래 '한 배역을 연기하다'라는 뜻으로, 일상생활에서는 주로 부정형으로 'etw. spielt keine Rolle', 즉 '~는 중요하지 않다', '~이 상관 없다'라는 표현에 쓰인다.

Beispiel

A: Morgen soll es regnen.

내일 비 온다고 하던데….

B: Wetter **spielt keine Rolle**. Wir treffen uns morgen pünktlich um 8 Uhr vor dem Hauptbahnhof.

날씨는 상관없어. 내일 8시 정각에 중앙역 앞에서 만나는 거야.

150

quitt sein

더이상 빚진 것 없다
더이상 거론 할 것 없다
이제 서로 이걸로 끝이다

'quitt'는 '조용함', '소란스럽지 않음'의 뜻을 지닌 라틴어 'quietus'에서 왔으며 'quitt sein'이라고 하면 '이제 서로 같은 상황이어서 더는 논란이 없다'는 뉘앙스가 있다. 우리말 표현 중에 '뭉개거나 지워서 없애 버리다', '셈할 것을 서로 비기다'라는 뜻을 지닌 '삭치다'라는 단어로 해석할 수 있고, 흔히 쓰는 표현 중에서 일본어에서 온 표현인 '또이또이다', 영어에서 온 표현인 '샘샘이다' 등의 느낌으로 쓰인다고 보면 되겠다.

Beispiel

A: Wann gibst du mein Geld zurück?

돈 언제 돌려줄 거야?

B: Hier hast du deine 20 Euro.

여기 네 20유로 돌려줄게.

A: Danke.

고마워.

B: Jetzt **sind** wir **quitt**.

이제 나 너한테 빚진 거 없다.

eine Pechsträhne haben

안 좋은 일이 줄 이어 일어나다

'Pech'는 '불운'을 뜻하고 'Strähne'는 '(머리)가닥'이라는 뜻과 더불어 '일련의 사건'이라는 뜻으로도 쓰인다. 'Pechsträhne'는 '줄 이은 불운' 정도의 의미로 이해하면 될 것이다. 불운이 겹치거나 연속해서 발생할 때 쓰는 표현이다.

Beispiel

A: Letztes Jahr hat Rolf aber echt **eine Pechsträhne* gehabt**. Zuerst kam die Scheidung und dann erhielt er noch seine Kündigung.

롤프에게는 작년 한 해 정말 불운의 연속이었지. 이혼에 해고까지.

B: Da hast du Recht. Es sah so aus, als ob er vom Pech** verfolgt würde.

맞는 말이야. 정말 불운이 롤프를 쫓아다니는 것 같았지.

---

* die Pechsträhne의 반대말 : die Glückssträhne
** Pech가 들어가는 다른 표현
　└ so ein Pech : 운이 없을 경우 쓰는 표현으로 '이런', '제기랄' 정도의 의미이다.
　└ Pechvogel : 'Pech'는 원래 끈적끈적한 물질(역청瀝靑)로 중세 때 새 사냥을 위해 나뭇가지에 발랐다고 한다. 여기서 'Pech'가 불운이라는 뜻을 지니게 되었다. 따라서 'Pechvogel'은 억세게 운이 없는 사람을 표현할 때 농담조로 쓰는 말이다.

jdm. den Lebensfaden abschneiden

숨통을 끊다
생명줄을 끊다
죽이다

그리스·로마 신화에서는 생명선 또는 생명줄로 사람의 생명을 상징하고 있다. 운명의 여신들이 사람의 생명줄을 제어하고 운명이 다할 때 잘라버린다고 한다. 우리말의 '숨통을 끊다'와 같은 의미를 지닌 표현으로 누군가를 죽이거나 누군가의 가장 중요한 부분을 빼앗는다는 의미를 지니고 있다.

Beispiel

Die Krankheit hat dem jungen Schauspieler **den Lebensfaden abgeschnitten.**

그 질병이 젊은 연기자의 생명줄을 끊어버렸다.

Lehrgeld zahlen (müssen)

비싼 수업료를 내다

'Lehrgeld'는 과거에 장인(Meister)에게 직업 교육을 받을 때 지불했다는 강습료를 지칭하던 표현이다. 많은 시간이나 정성 또는 돈을 들여서 쓰라린 경험을 한 경우에 쓰는 말이다.

Beispiel

In China **mussten** viele koreanische Unternehmen wegen fehlender Auslandserfahrung **Lehrgeld zahlen** und zurückkehren.

한국의 많은 기업들이 해외 경험 부족으로 중국에서 비싼 수업료를 치르고 철수해야만 했다.

154

den Ton angeben

선도하다

주도하다

직역을 하면 '음을 제시하다'가 되는데 오케스트라에서 온 표현이다. 오케스트라에서 보면 1번 바이올린의 악장이 음을 내고 그 음에 맞춰 다른 악기들이 조율을 한다. 따라서 'den Ton angeben'이라고 하면 어떤 분야를 '선도하다', 어떤 부분에서 '주도하다'라는 뜻을 지닌다.

Beispiel

A: Glauben Sie, dass Asien weiterhin in der Weltwirtschaft **den Ton angeben** wird?

아시아가 계속해서 세계 경제를 주도할 것으로 보십니까?

B: Das rohstoffreiche Südamerika hat zwar auch ein sehr großes Potenzial, was die wirtschaftliche Entwicklung angeht, aber ich bin überzeugt, dass eher der asiatische Kontinent in den nächsten 20 Jahren der Motor der Weltwirtschaft sein wird.

원자재가 풍부한 남미도 물론 경제성장에 큰 잠재력을 지니고 있지만 아시아 대륙이 향후 20년간 세계 경제의 동력이 될 것이라고 확신합니다.

zwei linke Hände haben

어설프다
서툴다
(손)재주가 없다

평균적으로 왼손잡이에 비해 오른손잡이가 많다. 오른손잡이들이 아무래도 왼손을 쓰게 되면 뭔가 어설퍼 보이기 마련이다. 이 표현에서처럼 왼손이 두 개라는 것은 '어설프다', '재주가 없다' 라는 뜻이다.

Beispiel

A: Ich habe letzte Woche einen Tisch gekauft, den ich selber zusammensetzen muss, aber ich komme damit nicht zurecht.
지난 주에 내가 직접 조립해야 하는 상을 샀는데 제대로 못하겠어.

B: Es ist wohl ein "Mach es selbst!" Produkt. Ich will dir gerne helfen.
DIY 제품이구나. 내가 기꺼이 도와줄게.

A: Danke. Wie du weißt, habe ich ja **zwei linke Hände**.
고마워. 너도 알다시피 내가 손재주가 없잖아.

etw. mit der linken Hand machen : (왼손으로 처리할 정도로) 손쉽게 처리하다

um alles oder nichts gehen (bei etw.)

모 아니면 도
올인

우리말의 '모 아니면 도' 라는 표현과 정확하게 맞아 떨어진다.

Beispiel

A: Zu Hause haben Sie 2:0 verloren. Wie wird Ihre Mannschaft heute spielen?

홈경기에서 2:0 으로 패하셨는데 오늘 어떤식의 경기를 보여주실 건가요?

B: Bei diesem Spiel **geht** es für unsere Mannschaft **um alles oder nichts**. Wir werden ein sehr offensives Fußball spielen, denn wir müssen wenigstens drei Tore schießen.

우리 팀은 이 경기에 모든 것이 달려 있습니다. 적어도 3골을 넣어야 하기 때문에 매우 공격적인 축구를 선보일 것입니다.

Es geht um die Wurst/Wurscht!

꼭 이겨야 한다

중요한 것이 걸린 문제다

중대한 결정에 관한 것이다

과거 지역 축제 등에서 주로 각종 대회가 열렸는데 우승자에게 소시지 등을 상으로 주었다고 한다. 가난한 서민들에게 소시지는 제법 큰 상이었으므로 전력을 다해 경기에 임했는데 이때 "Es geht um die Wurst! (소시지가 걸린 경기야!)"라고 한 것이 오늘날 구어체에서 '매우 중요한 것이 걸려있다' 라는 의미로 쓰이고 있다.

Beispiel

A: Unser Film ist in drei Kategorien nominiert worden.

우리 영화가 3개 부문에서 후보로 지명되었어.

B: Ab jetzt **geht es um die Wurst!**

지금부터가 중요해!

A: Hoffentlich gewinnen wir wenigstens einen Preis.

적어도 상 하나는 탔으면 좋겠다.

> 비슷한 표현 : Es geht um Leben und Tod
>
> 이 표현도 '생사가 걸린 문제다', '매우 중요한 일이다' 와 같은 뜻을 지니고 있지만 'Es geht um die Wurst' 에는 약간의 농담조가 섞인 데 반해, 'Es geht um Leben und Tod' 는 심각한 상황에서도 쓸 수 있는 표현이다.

etw. auf dem Schirm haben

~을(를) 예의 주시하다

여기서 말하는 'Schirm'은 '우산'이 아니라 'Bildschirm (모니터 화면)'을 말한다. 레이더 등 모니터를 통해서 관찰한다는 데서 온 표현으로 무엇인가를 예의주시하고 있어 어떤 상황인지, 일이 어떻게 진행되는지 안다는 의미로 쓰인다.

Beispiel - 1

Die Soldaten an der Grenze **haben** den Norden rund um die Uhr **auf dem Schirm** und sind jederzeit einsatzbereit.

국경지역에 있는 군인들은 북측을 항상 예의 주시하고 있고 언제든지 출전 가능하다.

Beispiel - 2

Die Polizei **hat** die Verdächtigen in der schwarzen Liste* immer **auf dem Schirm**.

경찰은 블랙리스트에 오른 용의자들을 항상 예의 주시하고 있다

* schwarze Liste : 블랙리스트

Beispiel - 3

A: Weißt du, wohin Herr Meier versetzt worden ist?

마이어씨가 어디로 발령 났는지 알아?

B: Nein, das **hab** ich nicht mehr **auf dem Schirm**.

신경 안써서 모르겠는데.

비슷한 표현 : etw. im Visier haben

159

unter/auf den Nägeln brennen
auf heißen Kohlen sitzen

애간장이 탄다
마음이 급하다
안절부절 못하다

'unter/auf den Nägeln brennen'은 수도원에서 온 표현이라고 한다. 옛날에 수도승들은 새벽 미사 때 손에 촛불을 들고 있었다고 하는데 미사가 길어지면 손톱 위에 뜨거운 촛농이 떨어져 애가 탔다는 데서 유래한 표현이다. 주로 시간적으로 긴박할 때 쓰는 표현이다.

'auf heißen kohlen sitzen'을 직역하면 '뜨거운 숯 위에 앉아 있다'가 되는데 그만큼 안절부절 못한다는 의미로 쓰인다.

Beispiel - 1

A: Ich muss den letzten Bus noch bekommen. Ich **sitze** schon **auf heißen Kohlen.**

막차 꼭 타야되는데. 애간장이 타는구먼.

B: Der letzte ist noch gar nicht gekommen. Er hat bestimmt Verspätung.

막차는 아직 오지도 않았어. 분명 지연되고 있는 거야.

Beispiel - 2

Ich muss die Sache bis heute Abend beenden. Es **brennt** mir **auf den Nägeln.**

그 일을 오늘 저녁까지 마쳐야 해. 마음이 급하네.

alles in Butter

완벽해

모든 것이 문제없어

마가린과 같은 대체 식품이 개발되었지만, 버터에 비해 사람들에게 인기가 없었다고 한다. 사람들은 버터로 만든 요리를 가장 좋아했고, 'alles in Butter'라고 하면 '전부 버터로 만들어진 것', 즉 '완벽한' 상태의 음식을 뜻했다고 한다.

또 다른 설도 있다. 과거 비싼 크리스털 식기는 이탈리아에서 수입했는데, 마차로 운반하는 과정에서 깨지거나 손상되는 경우가 있었다고 한다. 이에 한 상인이 버터를 녹여 그 안에 잔 등을 넣고 버터가 굳은 후 운송하는 해결책을 찾았다고 한다. 이렇게 하면 마차가 흔들리고 짐이 떨어져도 제품에는 손상이 가지 않았기 때문에 'alles in Butter', 즉 '아무런 문제가 없는 완벽한 상태'라는 의미로 쓰이게 되었다고 한다.

Beispiel

A: Ein perfektes Wetter zum Skifahren!

스키 타기에 완벽한 날씨다.

B: Ja, und bestens ausgerüstet. **Alles in Butter**!

응, 그리고 장비도 완벽하고. 완벽해.

비슷한 표현 : Alles in Ordnung. / Alles paletti.

Butter bei die Fische!

이실직고해!

사실을 모두 말해 줘

(이제 그만) 본론으로 들어가시지

옛날에는 생선 요리에 버터 소스가 빠지면 완벽한 생선 요리가 아니라고 여겼기 때문에 뭔가 빠진 듯한 불완전하다는 뉘앙스를 지니고 있다.

앞뒤 자르지 말고 전체 이야기를 해 달라고 할 때나 이제 그만 본론으로 들어가 핵심적인 이야기를 해달라고 할 때도 쓰는 표현이다.

Beispiel

A: Was ist mit dir los? Du hörst mir gar nicht zu.
Du siehst sehr nervös aus.

무슨 일 있어? 내 얘기 하나도 안 듣잖아. 뭔가 불안해 보이는데.

B: Wieso? Mir gehts ganz gut.

왜? 나 아무 일 없는데.

A: Aber nun mal **Butter bei die Fische**. Ich habe den
Eindruck, dass deine Verwirrtheit einen bestimmten
Grund hat. Du bist über beide Ohren verliebt,*
oder irre ich mich da?

얼른 이실직고해 봐. 이리 산만한 데에는 다 이유가 있을 거야. 사랑에 푹 빠진 거
아니야? 내 말 틀려?

* über beide Ohren verliebt sein : 사랑에 푹 빠지다.
머리부터 발끝까지 사랑에 푹 빠졌다는 표현.

비슷한 표현 : Keine halben Sachen! / Bitte sag die ganze Wahrheit! /
Jetzt erzähl doch mal die ganze Geschichte!

völlig durch den Wind sein

지치다

녹초가 되다

어리둥절하다

당혹하다

요트나 돛단배에서 방향을 전환하기 위해서는 바람을 가르고 돛의 방향을 돌려야 하는데, 이는 많은 체력이 소모되는 일이어서 방향을 바꾸고 나면 지치기 마련이다. 그래서 'durch den Wind sein'라고 하면 (지쳐서) 어찌할 바를 모르는 상황이나 집중하지 못하고 이성적으로 생각을 할 수 없게 되는 상황을 나타낸다.

Beispiel

Nachdem er gekündigt wurde, **war** er **völlig durch den Wind** und wusste nicht weiter.

해고되고 나서 그는 당혹하여 어떻게 해야 할지 몰랐다.

(Das ist) alles Käse!

말도 안돼

'Käse (치즈)'는 과거에 집에서 쉽게 만들어 먹을 수 있는 평범한 음식이었는데 치즈가 비싸게 팔리는 것을 보고 'Ach, das ist ja alles nur Käse! (그래봤자 치즈일 뿐이야)'라고 말한 데서 유래한 표현으로 '말도 안 돼'라는 의미로 쓰인다.

Beispiel

A: Der Vermieter will ab nächstes Jahr die monatliche Miete um 400 Euro erhöhen.
집주인이 내년부터 월세를 400유로로 올리려고 해.

B: **Das ist** doch **alles Käse.**
말도 안돼.

비슷한 표현 : Das ist doch alles Quatsch. / Das ist ja Unsinn. / Dummes Zeug. / Das ist doch Schwachsinn.

alle Jubeljahre (einmal)

가뭄에 콩 나듯
정말로 드물게

중세 기독교에는 죄 사함을 받는 '성년(聖年)'이라는 것이 있었는데, 처음에
는 100년 간격이었던 것이 1300년에 25년 간격으로 정해졌다. 성년은 평생
많아야 3번 보낼 수 있었기 때문에 'alle Jubeljahre'라는 표현은 '가뭄에
콩 나듯', '정말 어쩌다가' 정도의 의미를 지니게 되었다.

Beispiel

A: Michi hat mich gestern zum Essen eingeladen.

미하엘이 어제 밥 사줬어.

B: Unglaublich. Das ist ja nicht zu fassen, dass dieser
Michi jemand einlädt. Das kommt nur **alle Jubeljahre
einmal** vor.

믿을 수 없는데. 정말 믿을 수 없어. 미하엘이 누구한테 밥 사주는 것은 정말 드문
일이야.

비슷한 표현 : extrem selten / äußerst selten / nicht oft

noch in den Kinderschuhen stecken

아직 걸음마 단계이다

초보 단계이다

이 표현을 우리말로 그대로 옮기면 '아직 어린이 신발을 신고 있다' 가 된다. 아직 걸으면서 뒤뚱거리고 넘어지는 어린이의 모습에 빗대어 '미성숙하다', '아직 걸음마 단계이다' 라는 의미로 쓰인다.

Beispiel

A: Wie lange wird es noch dauern, bis wir konkrete Resultate aus diesem Projekt sehen können?

이 프로젝트의 구체적인 결과를 보는 데까지 얼만큼 더 걸릴까요?

B: Das Projekt **steckt noch in den Kinderschuhen.** Solange es keine ernsthafte finanzielle Unterstützung gibt, wird es weiterhin im Anfangsstadium stecken bleiben.

이 프로젝트는 여전히 걸음마 단계에 머물러 있습니다. 실질적인 자금지원이 없는 이상 이 프로젝트는 계속해서 초기 단계에 머물러 있을 것입니다.

das geht auf keine Kuhhaut

(잘못을) 이루 다 말할 수 없다

있을 수 없는 일이다

너무 큰 잘못이다

중세 사람들은 자신이 지은 모든 죄가 소의 가죽에 쓰여져 '심판의 날(der Tag des Jüngsten Gerichts)'에 단죄를 받는다고 믿었다. 'das geht auf keine Kuhhaut'라는 표현은 '너무 많은 죄를 지어 가죽 위에 다 쓰지 못할 정도'라는 뜻으로, 오늘날에는 '너무 큰/많은 잘못을 저질렀다', '있을 수 없는 일이다' 정도의 의미로 쓰인다.

Beispiel

A: Der ägyptische Diktator wurde endlich festgenommen.

이집트의 독재자가 마침내 체포되었어.

B: Nach allem, was er getan hat, muss er bestimmt mit einer langen Haft rechnen.

그가 한 일들을 생각해보면 분명 오랜 형을 각오해야 할 거야.

A: Er muss warscheinlich den Rest seines Lebens im Knast sitzen. Denn die Straftaten, die er begangen hat, **gehen auf keine Kuhhaut**.

아마도 남은 생애를 감옥에서 보내야 할걸. 그가 저지른 범죄는 이루 다 말할 수 없어.

etw. ist kein Weltuntergang

그리 심각한 일이 아니다

'Weltuntergang'은 '세계의 멸망', '지구의 종말'을 뜻한다. 세계가 멸망하는 것 만큼 심각한 일이 또 어디 있겠는가. 보통 누군가를 위로할 때 쓰는 표현이다.

Beispiel

A: Wieso machst du denn so ein langes Gesicht?

왜 이리 울상이야?

B: Ich habe in Mathe eine 4 bekommen.

수학에서 4점 받았어.

A: **Das ist** doch **kein Weltuntergang**! 4 ist ja noch ausreichend.

뭐 그리 심각하지도 않네. 4면 그래도 통과잖아.

비슷한 표현 : Es gibt Schlimmeres. Ich kenne Schlimmeres.

독일과 오스트리아의 성적 체계는 아래와 같다.

독일	오스트리아
1 = sehr gut	1 = Sehr gut
2 = gut	2 = Gut
3 = befriedigend	3 = Befriedigend
4 = ausreichend	4 = Genügend
5 = mangelhaft	5 = Nicht genügend
6 = ungenügend	

Haare auf den Zähnen haben

드세다

우악스럽다

사납다

털은 남성의 상징이자 강함을 나타낸다. 수염이 많이 나고 가슴에 털이 많이 난 남자들을 터프하다고 믿는 경향이 있다. 또한 숫사자의 머리 주변의 풍성한 털도 강함의 상징이다. 삼손도 머리카락을 자른 후 힘을 잃지 않았던가. 털이 원래 나지 않는 치아에까지 털이 난다는 것은 '지나치게 강하다', 즉 '드세고 우악스럽다' 는 것을 의미한다.

Beispiel

A: Wer unterrichtet denn Sport bei euch?

체육수업 누가 한대?

B: Ich habe gehört, dass es diesmal eine Sportlehrerrin sein soll.

이번에는 여선생님이라고 하던데.

A: Dann ist es bestimmt die Frau Groß. Sei lieber ein braver Junge im Sportunterricht. Die **hat** wirklich **Haare auf den Zähnen.**

그럼 분명 그로스 선생님이네. 수업시간에 착하게 구는 것이 좋을걸.
정말 사나운 선생님이야.

jdm. die Zähne zeigen

위협하다
반항하다
겁주다

동물의 세계를 보면 호랑이, 사자, 심지어 개들도 싸움에 앞서 상대에게 위협을 가하기 위해 입을 벌려서 날카로운 이빨을 보여준다. 그리고 어린 아이들도 상대에게 위협을 가할 때 아랫니를 앞으로 내보이는 모습을 볼 수 있다. '이를 보인다' 는 것은 위협을 의미한다.

Beispiel

A: Dieser Chef ist ein schrecklicher Tyrann. Es wird Zeit, dass die Mitarbeiter **ihm** mal **die Zähne zeigen**.

사장은 완전한 폭군이야. 직원들이 한번 들고 일어서야 할 때인 것 같아.

B: Da hast du Recht, aber seine Zeit ist bald vorbei, denn er wird im nächsten Jahr in Rente gehen*.

맞는 말이야. 하지만 곧 그의 시대는 끝이야. 왜냐하면 내년부터 연금생활자가 되거든(퇴직하거든).

* in Rente gehen : 연금생활자가 되다
– 공무원의 경우는 'in Pension gehen' 이라 한다.

Krokodilstränen weinen/vergießen

거짓 눈물을 흘리다
슬픈 척 하다

악어는 슬퍼서 눈물을 흘리지 않는다. 박테리아 등으로부터 눈을 보호하기 위해 액체가 생기는 것일 뿐이다. 악어의 눈물을 흘린다는 것은 '거짓 눈물을 흘리다', '슬픈 척 하다' 라는 의미이다.

Beispiel

A: Dein Sohn weint ja schon 10 Minuten lang.

네 아들이 벌써 10분째 울고 있어.

B: Alles Schauspielerei! Das sind nur **Krokodilstränen**. Er will nur ein neues Spielzeug von uns haben.

전부 연기야. 거짓 눈물이라고. 우리한테 장난감 선물 받으려고 그러는 거야.

jd. ist nicht mehr zu retten

못 말리겠다
정신 나갔다
구제불능이다

직역하면 '누구를 더 이상 구제할 수 없다'라는 말이 된다. '누구는 더 이상 어쩔 도리가 없다', '더는 말릴 수 없다'라는 의미를 지닌 표현이다.

Beispiel

A: Wow! Meine neuen Schuhe sind angekommen.
와! 새 신발이 도착했어.

B: Schon wieder? Du hast doch genug Schuhe.
또? 너 신발 충분히 있잖아.

A: Von diesem Design habe ich noch keine.
이 디자인은 없어.

B: Was willst du denn mit so vielen Schuhen?
그 많은 신발로 뭐 하려고?

A: Ich sammle sie. Genau wie du deine Briefmarken sammelst.
네가 우표 모으는 것처럼 나도 모으는 거야.

B: Aber Schuhe kosten doch viel mehr. Wie viele Paare hast du denn?
그런데 신발이 좀 더 비싸지 않니? 몇 켤레나 있는데?

A: Ich habe sie nie gezählt, aber mindestens 200 Paare dürften es schon sein.
다 세어본 적은 없는데 적어도 200켤레 정도 될 거야.

B: Mama mia! 200 Paare? Du bist ja **nicht mehr zu retten**!
맙소사! 200켤레? 너 못 말리겠다.

nach jds. Pfeife tanzen

누구의 장단에 맞춰 춤추다
누구의 말에 순종하다

우리말 표현 '~의 장단에 맞추다'와 의미와 용법이 같다. 단지 '장단' 대신에 '휘파람'이 쓰였을 뿐이다. 높은 사람이 집사나 아랫사람에게 뭔가를 지시할 때 휘파람을 불어서 시킨 데서 유래했다고 한다.

Beispiel - 1

Nach seiner **Pfeife** werde ich nicht mehr **tanzen**.
더 이상 그의 장단에 놀아나지 않겠어.

Beispiel - 2

A: Ihre Firma hatte in den letzten Jahren einen großen Erfolg. Einige reden davon, dass Sie einen Börsengang planen.
지난 몇 년간 귀사는 큰 성공을 거두었습니다. 사람들이 (사장님께서) 기업상장을 계획하고 있다고 하던데요.

B: Wir sind ein Familienunternehmen. Ein Börsengang wird bei uns nicht in Frage kommen, denn wir **tanzen nach** unserer eigenen **Pfeife**, nicht nach der anderer.
우리는 가족기업입니다. 기업상장은 상상도 할 수 없는 일입니다. 우리는 다른 사람들의 장단에 맞추지 않고 우리 방식대로 경영을 할 것입니다.

zum Greifen nahe

손에 닿을 거리에

'~에 거의 다가갔다' 라는 뜻이다. 다가간 대상은 구체적인 사물이 될 수도 있고 승리, 성공과 같은 추상적인 개념이 될 수도 있다.

Beispiel

Der Pokal lag **zum Greifen nahe**, aber in der letzten Minute verschenkten die Mannheimer den Sieg an die ungarischen Gastgeber.

우승컵이 손에 닿을 거리에 있었지만 최후의 일분에 만하임은 홈팀인 헝가리 팀에게 승리를 헌납했다.

Hinz und Kunz

누구나

개나 소나

'Hinz'와 'Kunz'는 각각 'Heinrich'와 'Konrad'를 친근하게 부르는 애칭이다. 우리의 '철수'와 '영희'처럼 과거에 많은 사람들이 가지고 있던 이름으로 '누구나', 혹은 경우에 따라 약간 비하하는 느낌으로 '개나 소나' 정도의 우리말 표현으로 옮길 수 있다.

Beispiel - 1

A: Nach der Einführung des MP3 Formats erlebt die Musikindustrie schwere Zeiten.

MP3 파일이 도입되고 나서 음반업계는 어려운 시기를 보내고 있습니다.

B: Ja, für sie sind die guten alten Zeiten vorbei. Heutzutage gibt es zahlreiche Webseiten, wo **Hinz und Kunz** einfach kostenlos die Musik illegal downloaden können.

네, 그렇습니다. 음악업계의 좋은 시절은 다 지났습니다. 요즘은 누구나 무료로 음원을 불법 다운로드할 수 있는 페이지가 허다합니다.

Beispiel - 2

Hier können doch nicht **Hinz und Kunz** mitmachen.

개나 소나 여기 참가할 수는 없는 거잖아.

jdn. hinters Licht führen

누구를 속이다

누군가를 불빛이 있는 곳 뒤로 데리고 간다는 것은 어둠 속으로 데리고 간다는 것이다. 어둠 속에서는 무슨 일이 일어나는지 볼 수 없으므로 '누구를 속이다' 라는 의미로 쓰이는 표현이다.

Beispiel - 1

Wir dürfen uns nicht **hinters Licht führen** lassen, wir müssen die Wahrheit wissen, wo unsere Steuergelder geblieben sind.

우리는 속아서는 안 된다. 우리의 세금이 어디에 쓰였는지 알아야 한다.

Beispiel - 2

Die Lebensmittelproduzenten schreiben die Haltbarkeitsdaten möglichst klein und versteckt, um die Verbraucher **hinters Licht** zu **führen**.

식료품업체들은 유통기한을 가능한 작고 안 보이는 곳에 써서 소비자의 눈을 가리려고 한다.

gesiebte Luft atmen

콩밥을 먹다

'das Sieb'는 음식 건더기를 건지는 체를 말한다. 직역하면 '체질을 한 공기를 마신다'는 뜻이다. 감옥의 철창을 우스갯소리로 조리용 체에 비유한 데서 생긴 표현이다. '철창 속에서 숨 쉰다', 한마디로 '콩밥을 먹는다'라는 뜻이다.

Beispiel

A: Dieser Kerl ist endlich erwischt worden.

그 녀석이 드디어 붙잡혔어.

B: Der muss bestimmt ganz schön lange **gesiebte Luft atmen**.

분명 콩밥 좀 오래 먹어야 할거야.

ein Gedächtnis wie ein Sieb haben : '체와 같은 기억력을 가지고 있다', 즉 '기억이 샌다'라는 뜻을 지닌 표현으로 '건망증이 심하다', '까마귀 고기를 먹다' 정도로 해석할 수 있다.

die/eine Nagelprobe machen/durchführen

정확하게 검토하다
깐깐한 테스트를 하다

술자리에서 나온 표현이다. 한국에서도 대학생 엠티 또는 회사의 회식 자리에서 일명 '원샷'을 하고 머리 위에 잔을 거꾸로 세워 다 마셨다는 것을 보여주곤 하는데, 과거 독일에서도 'Zum Wohl/Prost (건배)'를 하고 왼쪽 엄지손톱 위로 마신 잔을 거꾸로 세워 한 방울도 떨어지지 않아야 주도를 지키고 제대로 마셨다고 인정을 해줬다.

'Nagel'은 '손톱', '못'을 뜻하는 명사이다. 여기서는 손톱을 말하는 것인데 'die Nagelprobe machen'을 직역을 하면 '손톱 테스트를 하다'이지만 실제로는 '정확한 확인을 거치다', '어떤 일이 옳고 그른지 꼼꼼하게 체크하다'라는 뜻으로 쓰인다.

Beispiel

Bei den neu entwickelten Fahrzeugen wird eine Nagelprobe durchgeführt.

새로 개발된 차량에 대해 정밀 테스트가 이루어질 것이다.

nagelneu : 번쩍번쩍한 새 물건, 갓 구입한 물건
금속이 귀하던 시절에는 못을 한 번 쓰고 버리지 않고 재활용했는데, 새 못으로 만든 물건을 'nagelneu'라고 했다는 데에서 유래한 표현이다. 새 제품, 새로 구입한 제품을 뜻하지만 경우에 따라서는 새것과 마찬가지의 제품을 뜻하기도 한다.

예) 1. ein nagelneues Handy (아직 사용하지 않은) 신제품 핸드폰
2. Hallo, verkaufe mein nagelneues Lautsprechersystem.
저의 새것 같은 스피커 시스템을 판매합니다. (인터넷 중고사이트 등에서)

독일어로 '원샷'은 'auf Ex/ex trinken'이다.

etw. wie seine Hosentasche kennen

샅샅이 잘 안다
완전히 꿰고 있다

쉽지만 재미있는 표현이다. 자신이 항상 입고 다니는 바지주머니가 어디가 틀어졌고, 구멍이 났는지, 얼마나 주머니가 깊은지를 알듯이 무언가를 잘 안다는 뜻을 지니고 있다.

Beispiel

A: Kennst du dich in Salzburg aus?

잘츠부르크를 좀 알아?

B: Salzburg **kenne** ich **wie meine Hosentasche**. Ich habe dort studiert.

잘츠부르크는 내가 완전히 꿰고 있지. 거기서 공부했거든.

A: Echt? Ich bin nämlich am Überlegen, ob ich die Winterferien dort verbringe.

정말? 이번 겨울 방학을 잘츠부르크에서 보낼지 고민 중이야.

jdn. an die Kandare nehmen

길들이다

(누구의 뜻대로) 조정하다

'die Kandare'는 '고삐'를 뜻한다. 'jdn. an die Kandare nehmen'은 '고삐로 말을 길들인다' 는 데서 온 표현으로, '(누구를) 길들이다' 라는 뜻으로 쓰인다.

Beispiel - 1

Will die Regierung jetzt auch den Schriftstellergeist **an die Kandare nehmen?**

정부가 이제 작가 정신마저 길들이겠다는 건가?

Beispiel - 2

Die EU will die Schuldenstaaten **an die Kandare nehmen.**

EU가 채무국들을 길들이려고 한다.

180

sich seine Sporen erst noch verdienen müssen

초짜 딱지를 떼야 한다
작은 공/성과부터 올려야 한다
경험/명성부터 쌓아야 한다

'Sporen'은 말을 더욱더 빨리 달리게 할 때 사용하는 구두에 달린 금속으로 된 물건, 즉 박차(拍車)를 말한다. 과거 이 박차는 말을 타는 사람의 신분을 나타냈는데 'sich seine Sporen erst noch verdienen müssen'은 '자신의 명성부터 쌓아야 한다', 즉 어떤 일을 함에 있어서 경험과 성과부터 얻어야 한다는 의미로 쓰인다. 인내심을 가지고 작거나 의미 없어 보이는 과정에 매진할 때 훗날 성공할 수 있다는 의미를 내포하고 있다.

Beispiel

A: Wer wird dieses Projekt leiten? Wie wäre es mit Manfred?

이 프로젝트는 누가 지휘할까? 만프레드 어때?

B: Der doch nicht. Er ist zwar ein kluger Kerl, aber er muss **sich seine Sporen erst noch verdienen**.

만프레드는 아니지. 총명하긴 하지만 경험부터 쌓아야 해.

181

den Salat haben

완전 뒤죽박죽이다
골칫거리다
정돈되지 않은 매우 복잡한 상황이다

샐러드(Salat)에는 다양한 재료가 들어간다. 샐러드의 이러한 특성에 빗대어 뒤죽박죽 복잡한 상황을 은유적으로 나타내고자 할 때 쓰는 표현이다.

Beispiel

A: Wir haben bei der Wohnungssuche nicht gut genug aufgepasst und jetzt **haben** wir **den Salat**!
집 구할 때 충분히 살펴보지 못해 이제 골칫거리가 생겼어.

B: Wieso denn?
뭐 때문에?

A: Die Heizung funktioniert nicht richtig und die Leute über uns haben vier kleine Kinder, die dauernd Krach machen.
난방이 고장이고 우리 위층에는 애가 4명 있어서 계속 시끄럽게 해.

Kabelsalat : 전선 케이블이 너무 많아 보기 좋게 정리되지 않은 모양을 묘사한 표현이다.
예문) Mit der Entwicklung von kabellosen Elektrogeräten könnten wir in der Zukunft den Kabelsalat loswerden.
무선 전자제품의 개발로 인해 미래에는 (보기 싫은) 케이블 더미로부터 해방될 수 있을 것이다.

seine Siebensachen packen

간단하게 짐 싸다

중요한 것(짐)들을 챙기다

왜 하필이면 '일곱 가지 물건(Siebensachen)'을 챙긴다고 하는지에 대해 정확한 설은 없다. 적어도 서양에서는 7은 성스러운 숫자이고 오늘날에는 행운의 숫자이기도 하다. '간단히 중요한 것들만 챙기다' 정도의 의미이다.

Beispiel - 1

Die Menschen mussten wegen der Überflutung **ihre Siebensachen packen** und ihre Häuser verlassen.

사람들이 홍수 때문에 간단한 짐만 챙기고 집을 떠나야 했다.

Beispiel - 2

Packen Sie **Ihre Siebensachen** und starten Sie in den Urlaub.

얼른 짐을 싸고 휴가를 떠나세요. (광고문)

um ein Haar / um Haaresbreite

간발의 차이로
가까스로
거의
하마터면

직역하면 '머리카락 하나 차이로'라는 뜻이다. '가까스로', '하마터면' 등의 뜻으로 쓰인다.

Beispiel

A: Wo hast du dein Rad*?

자전거 어디 뒀어?

B: Es steht zu Hause im Keller, denn es muss repariert werden.

집 지하창고에 있어. 수리해야 하거든.

A: Gestern warst du doch noch mit deinem Fahrrad unterwegs, oder?

어제 자전거 타고 다녔잖아?

B: Gestern Abend wurde ich fast von einem Lastwagen überfahren. Ich konnte ihm zum Glück gerade noch **um Haaresbreite** ausweichen. Aber dafür ist mein Fahrrad kaputt, weil ich an eine Ampel gestoßen bin.

어제 저녁 하마터면 트럭에 치일 뻔했어. 다행히 가까스로 제때 피할 수 있었어. 대신에 신호등에 부딪혀서 자전거가 망가졌어.

* das Rad : das Fahrrad(자전거)를 줄여 부르는 말.

184

mit offenem Visier kämpfen

의도를 분명히 드러내고 싸우다

과거 기사들이 마상 창시합을 할 때 얼굴 전체를 가리는 투구를 쓰고 경기에 임했는데, 기사가 얼굴을 덮는 부분을 위로 올린 채 자신의 얼굴을 드러내고 싸우는 경우에서 유래한 표현이다.

Beispiel

Die Demonstranten auf der Straße **kämpfen mit offenem Visier** gegen die Regierung. Auf ihren Schildern ist zu lesen, dass sie sich einen Regierungswechsel wünschen.

거리의 시위대는 자신들의 의도를 분명히 하고 정부에 대항해 투쟁하고 있습니다. 그들의 피켓에서 정권 교체를 희망하는 그들의 염원을 읽을 수 있습니다.

etw. geht / läuft schief

잘못되다
엉뚱한 방향으로 가다

'schief'는 '삐뚤어진'이라는 뜻을 지닌 형용사이다. 무엇이 비뚤어지게 간다는 것은 '어떤 일이 잘못되어 간다', '잘못된 방향으로 가고 있다'는 것을 의미한다. 부정의 의미로도 자주 쓰이는데 'Da kann nichts schief gehen.'이라고 하면 준비가 완벽해서 또는 너무 쉬운 일이라서 '잘못될 리가 없다'는 의미이다.

Beispiel

A: Ich habe neulich angefangen an der Börse* zu investieren.

나 근래에 증시에 투자하기 시작했어.

B: Aktien? Kennst du dich da gut aus? Was passiert, wenn **etwas schief läuft**?

주식? 그 분야 잘 알아? 잘못되면 어떡하려고?

A: Steven hat mir ein paar Aktien empfohlen. Er ist ja Experte in Sachen Finanzen. Da kann nichts **schief gehen**.

스티븐이 주식(종목) 몇 개 추천해줬어. 금융 분야 전문가잖아. 잘못될 리가 없어.

* die Börse : 주식시장, 증시

etw. kommt nicht in Frage

어림없다

언급할 가치도 없다

말도 안 된다

직역하면 '~은(는) 질문에 와서는 안 된다'가 된다. 원래는 들어줄 수 없는 허무맹랑한 질문형 부탁에 대해서 답을 할 때 쓰던 표현이었는데 오늘날에는 '어림없다', '언급할 가치도 없다'라는 의미로 폭넓게 쓰이고 있다.

어린아이가 어머니에게 특별한 이유 없이 '오늘 학교에 안 가면 안 돼?'라는 질문을 했다면, 대개의 어머니는 'Das kommt nicht in Frage.'라고 대답을 할 것이다.

Beispiel

A: Die Gewerkschaft fordert für die nächsten drei Jahre eine jährliche Lohnerhöhung von 5%.

노조가 향후 3년 동안 연간 5%의 임금인상을 요구하고 있습니다.

B: 5 Prozent? Das **kommt** gar **nicht in Frage**. Das ist ja viel höher als die durchschnittliche Inflationsrate in den letzten drei Jahren.

5퍼센트? 말도 안 됩니다. 지난 3년간 평균 인플레이션율보다 더 높잖아요.

비슷한 표현 : etw. ist ausgeschlossen / etw. kommt nicht in die Tüte

auf Ex/ex trinken

원샷하다

한 번에 마시다

파티에서 친구들과 술을 마실 때 우리가 '원샷!' 이라고 외치듯이, 독일에서도 종종 'Auf Ex!' 라는 표현을 들을 수 있다. 'ex' 는 라틴어로 독일어의 'aus' 에 해당된다. 독일어로 잔을 다 비운다고 할 때 'austrinken' 이라고 하는데 여기에 'aus' 에 해당되는 라틴어 'ex' 를 넣은 재미있는 표현이다. 'auf Ex/ex trinken' 을 순수 독일어로 표현한다면 'alles auf einmal austrinken' 이라고 하면 된다.

Beispiel

A: Prost!

건배!

B: Alles **auf Ex**!

원샷!

> 비슷한 표현 : leer trinken / den Becher bis zur (bitteren) Neige leeren
> (쓴 맛이 나는) 마지막 한 방울까지 다 마시다.
> (과거 와인 제조과정에서 필터링 기술이 부족하여 가라앉는 찌꺼기까지 다 마신다고 해서 나온 표현)

요즘 'ex-boyfriend' 나 'ex-girlfriend' 와 같은 표현은 한국사람들도 자주 쓰는 표현이 되었는데 독일어에서도 전에 사귀던 남자친구, 여자친구를 'Exfreund', 'Exfreundin' 이라고 한다. 줄여서 그냥 'meine Ex (내 전 여자친구)', 'mein Ex (내 전 남자친구)' 라고도 한다.

188

jdm. (wieder) auf die Beine helfen
jdn. (wieder) auf die Beine bringen

~을(를) 도와 일으켜 세우다

어떤 사람이 누군가를 부축해 자신의 다리로 설 수 있게 도와주는 모습을 생각하면 이해가 쉽다. 말 그대로 '사람을 일으켜 세워 돕는다' 라는 뜻이지만, 어려움을 겪고 있는 사람을 도와준다는 은유적인 표현이다.

Beispiel

Die Finanzspritze der EU wird Griechenland **wieder auf die Beine bringen**.

EU의 구제금융이 그리스를(그리스의 경제를) 다시 일으켜 세울 것이다.

비슷한 표현 : jdn. aufrichten / jdn. stärken / jdm. unter die Arme greifen

sich krank lachen/kranklachen

배꼽이 빠지도록 웃다

많이 웃다

'(배가) 아플 정도로 많이 또는 크게 웃는다' 라는 뜻이다. 우리말의 '배꼽이 빠지도록 웃다' 와 같은 의미로 쓰인다고 생각하면 될 것이다.

Beispiel

A: Was hast du am Wochenende gemacht?

주말에 뭐했어?

B: Ich habe ein paar Jackie-Chan-Filme vom DVD-Shop ausgeliehen.

DVD숍에서 성룡 영화 몇 편 빌렸어.

A: Na, hat es Spaß gemacht?

재미있었어?

B: Seine Filme sind der Hammer. Ich hab **mich krankgelacht**, als ich sie gesehen hab.

영화 정말 죽여 주더라. 배꼽 잡으면서 봤어.

비슷한 표현 : sich tot lachen (직역 : 죽도록 웃다)

190

am Arsch der Welt

매우 떨어진 곳
도심과 매우 떨어져서

구어체 표현으로, 직역하면 '지구의 엉덩이에(끄트머리에)'라는 뜻이다. 매우 거친 표현이므로 가급적 사용을 삼가는 것이 좋다. '도심과 매우 떨어진 외진 곳에'라는 뜻으로 쓰인다.

Beispiel

A: Ich kann ab dem nächsten Semester endlich in einem Studentenwohnheim wohnen.
나 다음 학기부터 기숙사에서 살 수 있게 되었어.

B: Cool. Wie heißt das Studentenwohnheim?
잘 됐네. 기숙사 이름이 뭐야?

A: Franziskaner Studentenwohnheim.
프란치스카너 기숙사.

B: Was? Franziskaner? Das liegt doch **am Arsch* der Welt**. Du brauchst mindestens eine Stunde bis zur Uni.
뭐? 프란치스카너? 정말 멀리 떨어져 있는데. 학교까지 오는 데 최소한 한 시간 걸려.

A: Ja, ich weiß, aber für die anderen Wohnheime müsste ich noch ein Semester warten.
알아. 그런데 다른 기숙사 들어가려면 한 학기 더 기다려야 해.

비슷한 표현 : am Ende der Welt / sehr abgelegen / außerhalb der Stadt

'Arsch'는 '엉덩이', '항문'을 뜻하는데 독일어 표현에 종종 등장한다. 우리말에서 강조를 위해 구어체에 종종 붙이는 '열라', '캡', '왕'과 같은 기능을 한다.

ein dickes Fell haben

둔감하다

성격이 진득하다

'Fell'은 '동물의 털'을 말하지만 '사람의 피부'를 뜻하기도 한다. 'ein dickes Fell'은 우리말의 '철면피'라는 표현과 유사해 보이지만 그 뉘앙스는 조금 다르다. 우리말에서 철면피는 '얼굴이 두껍다', '염치도 모른다', '남이 뭐라고 생각하든 신경 쓰지 않는다'라는 의미인 반면, 'ein dickes Fell haben'은 '둔감하다', '진득하다'라는 뜻이며, 경우에 따라 '엉덩이가 무겁다'라는 뜻으로 쓰이기도 한다.

Beispiel

A: Ich habe gehört, dass du diesmal das Staatsexamen nicht geschafft hast.

이번에 국가고시에 떨어졌다고 들었어.

B: Stimmt. Es war schon mein dritter Versuch.

맞아. 벌써 세 번째야.

A: So wie ich dich kenne, hast du keineswegs den Mut verloren, oder?

내가 아는 너는 그래도 용기를 잃진 않지. 그렇지?

B: Da hast du Recht. Glücklicherweise **habe** ich **ein dickes Fell** und nach ein paar Tagen war ich darüber hinweg.

어, 맞아. 다행히도 난 성격이 예민하지 않아서 며칠 지나고 다 잊었어.

비슷한 표현 : eine Elefantenhaut haben

etw. steht vor der Tür

(어떤 일이) 코앞으로 닥치다

문 전까지 와 있다

~와(과) 곧 직면하다

직역하면 '문 앞에 무엇이 서 있다' 라는 뜻이다. 어떤 일 또는 시점이 매우 가까이 다가왔다는 뜻으로 쓰인다.

Beispiel - 1

Weihnachten **steht vor der Tür**.

크리스마스가 코앞이야.

Beispiel - 2

Große Herausforderungen **stehen vor der Tür**, denn die internationale Konkurrenz wird unser Geschäft im einheimischen Markt beeinflussen.

곧 힘든 시기가 올 것이다. 왜냐하면 국제 경쟁으로 인해 국내 시장의 우리 사업이 영향을 받을 것이기 때문이다.

bei jdm. wird etw. groß geschrieben

~에서 ~를 매우 중시하다
~을 생명으로 알다

주로 광고 등에 많이 등장하는 표현이다. 직역하면 '~는 / ~을 크게(대문자로) 쓴다' 라는 뜻으로, 여기서 '~는', '~을' 등에 들어가는 단어는 필연적으로 명사일 수밖에 없다. 원래 독일어는 명사의 첫 글자를 항상 대문자로 써야하는데, 'groß schreiben'이 '대문자로 쓰다'와 '크게 쓰다'라는 두 가지 뜻을 지니고 있어서 'bei jdm. wird etw. groß geschrieben'라고 하면 '~를 매우 중시하다' 라는 뉘앙스의 표현이라고 보면 된다.

Beispiel - 1

A: Darf ich wissen, wann mein Auto ankommt?
제 차가 언제 나오는지 알 수 있을까요?

B: Sie werden es spätestens nächste Woche bekommen.
늦어도 다음 주면 받아 보실 수 있을 것입니다.

A: Das haben Sie mir letzte Woche auch versprochen. Sie können mich doch nicht für dumm verkaufen*. Ich dachte, **bei** Ihnen **werden** Vertrauen und Service **groß geschrieben**.
지난주에도 똑같은 약속을 하셨잖아요. 저를 바보 취급하시면 안 되죠. 이 회사는 신뢰와 서비스를 매우 중요시한다고 생각했는데.
* jdn. für dumm verkaufen/halten : 바보 취급하다, 속이다

Beispiel - 2

Qualität **wird bei** uns **groß geschrieben**.
우리는 품질을 중요시합니다.

Beispiel - 3

Bei uns **wird** Datenschutz **groß geschrieben**.
우리는 정보 보안을 생명으로 압니다.

ins Hemd machen

겁에 질리다

(겁에 질려) 오줌 싸다

중세 때, 귀족 남자들은 내의(상의)에 양말을 연결해서 입었는데 화장실 갈 때 간혹 문제가 됐다고 한다. 그 때문에 'Mach Dir nicht ins Hemd! (내의에 쉬 하지 마!)' 라는 식으로 농담을 하곤 했다는데, 의미적으로는 우리말의 '너무 무서워 소변이 찔끔 나왔다' 라는 표현을 생각하면 된다.

이 표현의 'Hemd' 가 잠잘 때 입는 옷 'Nachthemd' 라는 설도 있다. 길이 가 무릎까지 닿는데, 예기치 않게 소변을 보다가 젖을 수 있기 때문이다.

Beispiel

A: Hat die Achterbahn Spaß gemacht?

롤러코스터 재미있었어?

B: Spaß? Ich habe mir beinahe **ins Hemd gemacht**.

재미? 무서워서 오줌 싸는 줄 알았어.

비슷한 표현 : Schiss haben / Angst haben / in die Hose machen

über den Berg sein

(힘든) 고비를 넘겼다

보통 산을 오를 때가 내려올 때보다 훨씬 힘들다는 데서 온 표현이다.
우리말에서 "고비를 넘겼다" 라는 표현과 비슷하다.

Beispiel

Den Verursachern der Weltfinanzkrise scheint es wieder
besser zu gehen. Die Banken in den USA haben letzte
Woche ihren Mitarbeitern Boni* ausgezahlt, als wäre
nichts gewesen. Die Banken haben sich zwar in der
letzten Jahreshälfte kräftig erholt, aber noch **sind** sie
nicht **über den Berg.**

세계 금융위기를 초래한 장본인들의 형편이 나아진 것 같다. 미국의 은행들은 마치
아무 일도 없었던 듯이 지난주 직원들에게 보너스를 지급했다. 은행들은 비록 지난
반년 동안 많이 회복했지만 아직 고비를 넘긴 것은 아니다.

* Boni : 'Bonus (보너스)' 의 복수형

etw. unter den Teppich kehren

눈 가리고 아웅

은폐하다

'~을(를) 양탄자 밑으로 쓸어 넣다' 라는 뜻이다. 자취를 해본 사람이라면 자취방에 갑자기 부모님이 오신다거나 이성 친구가 방문한다고 할 때 옷이나 지저분한 것들을 허겁지겁 옷장에 넣거나 침대 밑으로 넣어버린 경험이 있을 것이다. 독일에는 바닥에 양탄자를 깔아놓은 집이 많은데, 먼지 등을 빗자루 질하다가 그냥 귀찮아서, 또는 바빠서 눈속임으로 그냥 양탄자 밑으로 쓸어 넣는 모습에서 은유적으로 '눈속임하다', '은폐하다' 라는 의미를 지니게 되었다.

Beispiel

A: Ich verstehe nicht, warum so viele Städte sich als Standort für Atommüll beworben haben.

난 왜 이렇게 많은 도시들이 방폐장 유치에 뛰어들었는지 모르겠어.

B: Normalerweise würde man solch eine Anlage nicht in seiner Nähe haben wollen. Aber in den Medien wurde hauptsächlich nur über die wirtschaftlichen Vorteile gesprochen, die der zukünftige Standort des Atomabfall-Lagers erhalten wird.

보통 이런 시설을 가까이 두고 싶어 하지는 않지. 그런데 언론에서는 추후 방폐장 유치 지역이 누리게 될 경제적인 혜택만 언급하고 있어.

A: Wirschaft ist ja wichtig, aber ich begreife es trotzdem nicht, warum kaum Widerstand von den Bürgern der betroffenen Städte zu spüren ist.

경제야 중요하지만 그래도 관련된 도시민들의 반대가 거의 없다는 것은 이해할 수 없어.

B: Ich habe den Eindruck, dass die Gefahr solch einer Anlage von der Regierung und von den Stadtverwaltungen einfach **unter den Teppich gekehrt** wurde.

난 이러한 시설의 위험 요소에 대해 정부와 시 당국이 그냥 은폐하고 있다는 인상을 받아.

etw. auf die lange Bank schieben

(일 등을) 미루다

해야 할 일을 기다란 벤치 끝으로 밀어내는 그림을 생각하면 쉽게 이해되는 표현이다. 'Bank'는 '벤치'라는 뜻 외에도 '책상(Schreibtisch)'이라는 뜻도 있다. 과거 법정 문건들은 재판관의 책상 위에 올려놨는데 덜 급한 서류들은 자연히 책상 끝에 놓았다는 데에서 유래한 표현이다.

Beispiel

A: Du siehst sehr müde aus. Mach doch Feierabend.
너 무척 피곤해 보인다. 퇴근하지 그래.

B: Ich möchte die Arbeit nicht **auf die lange Bank schieben**, weil ich sie sonst nicht mehr aus dem Kopf kriege.
난 일을 미루는 것을 싫어해. 왜냐하면 계속 생각하고 있어야 하잖아.

A: Ja, aber es ist effizienter, die Arbeit dann zu machen wenn man körperlich und geistig fit ist*.
그렇긴 하지만 육체적, 정신적으로 컨디션이 좋을 때 일하는 것이 더 효율적이야.

* fit sein : 멀쩡하다, 컨디션이 좋다, 건강하다, 적합하다

관련 독일어 격언
1. Was du heute kannst besorgen, das verschiebe nicht auf morgen.
오늘 할 수 있는 일을 내일로 미루지 마라.
2. Morgen, morgen, nur nicht heute, sagen alle faulen Leute.
'내일, 내일, 오늘만 아니면 돼'라고 모든 게으른 이들이 말해.

ein zweischneidiges Schwert

양날의 칼
장단이 있다

직역하면 두 개를 자르는 칼인데 '양날의 칼'을 말하는 것이다. 성경에도 여러 번 등장하는 표현이다. 우리말에서 '양날의 칼'이라는 표현과 마찬가지로 어떤 일에 있어서 장점과 단점이 공존할 때 쓰는 표현이다.

Beispiel

Viele verstehen die heutzutage beliebten soziale Netzwerk-Seiten im Internet als **ein zweischneidiges Schwert**. Einerseits helfen sie Kontakte zu pflegen*, andererseits könnten sie den Privatbereich der Nutzer verletzen.

오늘날 인기 있는 소셜 네트워크 사이트를 많은 사람들이 양날의 칼로 받아들이고 있습니다. 한편으로는 인맥 관리를 하는 데 도움을 주지만 다른 한편으로는 프라이버시를 침해하기도 한다는 것입니다.

* Kontakte pflegen : 인맥 관리하다
(neue) Kontakte knüpfen : 인맥을 쌓다

eine große Schnauze haben

말이 많다

허풍쟁이다

행동보다 말이 앞서다

애완견을 좋아하는 사람들이라면 '슈나우저'라는 개를 알 것이다. '슈나우저(Schnauzer)'는 주둥이(Schnauze) 부분의 수염이 인상적이어서 붙여진 이름이다. 커다란 주둥이를 가졌다는 표현으로 'eine große Schnauze haben'은 '허풍쟁이', '말이 많다'라는 의미이다.

Beispiel

A: Antonio will sich ein Auto kaufen.

안토니오가 차를 산대.

B: Was wird dann mit seinem Motorrad?

그럼 자기 오토바이는 어떻게 하고?

A: Wenn er sein neues Auto hat, soll es mir gehören.

새 차 사면 오토바이는 내 거래.

B: Er will es dir einfach schenken?

너한테 그냥 준다고?

A: Ja, ich freue mich schon darauf.

응, 벌써부터 기대돼.

B: Das kannst du ihm doch nicht einfach so glauben. Antonio **hat** ja **eine große Schnauze**.

곧이곧대로 믿으면 안돼. 안토니오는 허풍이 세잖아.

비슷한 표현 : ein großes Maul / eine große Klappe haben
'Schnauze'를 'Klappe', 'Maul', 'Mund' 등으로 바꾸어도 같은 표현이다.
(참고 : 008번 Halt die Klappe 표현)

Und damit basta!

그것으로 끝내고 그만 이야기하자!

이제 그만!

이탈리아어에서 온 표현이다. 'basta'는 'bastare (충분하게 있다. 충분하다)'에서 온 것으로 'Basta!'라고 하면 영어의 'it's enough.'와 같은 의미를 지닌다. 'Und damit basta!'는 어떤 이야기에 대해서 더는 논하지 않고 결론을 내고자 할 때 주로 쓰는 표현이다.

Beispiel

A: Papa, ich brauche mehr Taschengeld.

아버지 저 용돈이 더 필요해요.

B: Wozu brauchst du denn mehr Geld?

돈이 왜 더 필요해?

A: Ich möchte einen neuen MP3-Player kaufen.

새로운 MP3 플레이어 사려고요.

B: Darüber haben wir schon oft genug geredet. Es bleibt bei 10 Euro die Woche. **Und damit basta!**

그것에 대해서는 이미 여러 번 이야기했잖아. (용돈은) 기존대로 한 주에 10유로. 그것으로 이야기 끝!

비슷한 표현 : Schluss damit! / Kein Wort mehr darüber! / Keine weitere Diskussion!

독일어권 국가들과 이탈리아는 지리학적 지정학적인 위치로 인해 서로 많은 영향을 주고받았고 특히 1950년대 이후 이탈리아 출신 이주노동자들이 독일에 오기 시작하면서 이탈리아어가 독일어에 많이 도입되었다.

이탈리아어에서 온 또 다른 표현

└ ciao = tschüss와 같은 인사말로서 독일뿐 아니라 거의 유럽 전역에서 쓴다.

└ Kapito? = Hast du alles verstanden?

└ Kapito. = Ich verstehe.

└ Mama mia! = 맙소사!